가능한 인문학

Possible Humanities

가능한 인문학

가라타니 선생 팔순 기념

조영일 편

비고

©VIGO

차 례

가라타니 선생 팔순을 기념하며
엮은이 ■ 9

◇

유동과 모험
가라타니 고진과 야마자키 료
이성민 ● 15

내향, 내성, 소행
가라타니 고진과 후루이 요시키치
이승준 ● 45

이소노미아의 조건
NAM적인 것의 발현 속에서
윤인로 ● 89

제자와 신도 사이

나의 가라타니 고진 읽기

복도훈 ● 121

가능한 문학

근대문학의 종언, 그 너머

조영일 ● 157

◇

가라타니 선생과 나

히로세 요이치 ● 189

매우 사적인 독서

다카이 오사무 ● 199

〈부록〉

가능한 인문학

가라타니 고진 ◆ 219

가능성으로서의 어소시에이션, 교환양식론의 범위

가라타니 고진 ◆ 249

가라타니 고진 문헌

김상혁 정리 ◆ 293

KARATANI KOJIN (1941-   )

©VIGO

가라타니 선생 팔순을 기념하며

한국에서 선생만큼 인기 있는 존재도 없을 것이다. 초등학생부터 성인까지 모두가 선생이 되기를 원한다.[1] 가르치기를 원하는 사람이 이렇게 많다는 사실이 의미하는 것은 무엇일까? 교육이 그만큼 중요하다는 말일까. 아니면 선생이라는 직업이 그토록 매력적이라는 말일까. 직업으로서의 선생이 가능하기 위해서는 배우는 존재가 있어야 한다. 배우는 사람, 즉 학생은 당연히 직업일 수 없다. 그러나 교육을 통해 얻고자 하는 바가 직업과 무관하지 않다는 점에서 완전히 별개로 볼 수는 없다. 교육의 장에서 졸업장이

---

1) 대부분의 연령에서 교사는 직업선호도 1위를 차지하고 있다.

큰 의미를 갖는 것은 그 때문이 아닐까 한다. 예컨대 오늘날에는 특정 학위 없이 선생이 되는 것은 불가능하다. 그러고 보면 교육이란 직업적 해자孩子를 얻기 위한 과정인지도 모른다.

다른 나라는 사정이 어떤지 잘 모르지만, 한국에는 제자들이 스승의 정년, 칠순 등을 기념하여 공동논문집을 내는 풍토가 있다. 스승의 학문적 업적을 기리고 학은學恩에 감사하는 것인데, 학술지 형태로 제한적으로 유통되기도 하지만 단행본으로 출간되기도 한다. 후자의 대표적인 예로는 『지구화시대의 영문학』(창비, 2004)을 들 수 있다. 이 책은 영문학자 백낙청의 정년퇴임을 기념하기 위해 제자들이 낸 책이다. 물론 국문학자 김윤식처럼 이런 헌정행위를 고사하는 경우도 있다.[2] 그런데 모든 선생이 이와 같은 대접을 받는 것은 아니라는 점에서, 이런 종류의 기념은 선생의 영향력을 보여주는 것이기도 하다.

당연한 이야기이지만 오늘날 대학에서 사제관계는

---

2) 하지만 그냥 지나칠 수 없어서인지 제자들은 『김윤식 서문집』(사회평론, 2001)으로 스승의 정년을 기념한다.

단순히 가르치고 배우는 관계가 아니다. 누군가의 스승이 된다는 것은 직업적 행위이고, 누군가의 제자가 된다는 것은 다른 누군가의 스승이 되기 위한 과정이다.3) 직업으로서의 학문이 성립하기 위해서는 일단 나를 선생으로 만들어 줄 선생이 존재해야 하고, 다음에 내가 가르칠 학생이 존재해야 한다. 따라서 선생과 학생은 연쇄적 이해관계에 놓일 수밖에 없다. 선생의 능력이 얼마나 많은 제자를 선생으로 세웠는지에 의해 판가름 나는 것은 이 때문이다. 헌정논문집이 가진 의미는 이 지점에 있는지 모른다. 대학인간의 끈끈한 계보-만들기 의식儀式 같은 것으로서 말이다.

그런데 본서 『가능한 인문학』은 그런 논문집과는 성격이 다르다. 일단 엮은이를 포함하여 대부분의 필진이 가라타니 선생에게 직접 배운 적이 없다. 즉 교육제도를 통해 사제관계를 맺은 적이 없다. 선생도 대부분의 필자를 알지 못한다. 그런데 이런 책이 나오는 것은 그럼에도 불구하고 선생에게 배웠다고 생각

---

3) 단 오늘날 학부 수준의 사제관계는 콘텐츠 제공자와 소비자의 관계에 가깝다. 학생의 만족도가 매우 중요하다.

하는 사람들, 즉 제자를 자처하는 사람들이 있기 때문이다. 만난 적도 없는 헤겔의 제자를 자처한 어떤 사람처럼 말이다.

가라타니 선생은 어디선가 공적 스승과 사적 스승을 구분한 적이 있다. 이에 따르면 선생은 우리에게 사적 스승이다. 따라서 우리와 선생 사이에는 어떤 이해관계도 없다. 졸업장(학위)이나 취업 같은 것과 무관하다. 그런데 '이해관계가 없는 배움'이란 다른 말로 선생의 영향력으로부터 자유롭다는 것을 뜻한다. 다시 말해, 우리는 선생의 사상을 추종하고 전파하기 위해 의기투합한 것이 아니다.

가라타니 선생은 오랜 기간 대학에 소속되어 있었다. 하지만 그 내력을 살펴보면 항상 불안정한 위치에 있었다. 한곳에 머물러 있지 않았고 또 자리에 연연하지 않았다. 그리고 대학과 트러블이 발생하자 미련 없이 그만두었다. 선생은 스스로를 대학교수라고 생각한 적이 단 한 번도 없다고 말한 바 있다. 이는 공적 스승이라는 역할에 위화감을 느껴왔다는 뜻일 것이다. 그 때문일까 선생은 자신을 추종하는 학파 같은 것 역시 만들지 않았다. 그런데 사실 선생 자신부터가 공적 스승이 없었다. 사적 스승들이 있었을 뿐이다. 여기서 우리는 선생의 사상이 전공이나 국가를 넘어 자유롭게 뻗어갈 수 있었던 이유를 발견할 수 있을지 모른다.

다시 말하지만, 가라타니의 제자를 자처하는 우리가 이렇게 책을 엮는 것은 가라타니 학파 같은 것을 선언하기 위함이 아니다. 이 책에 실린 글들을 읽으면 알 수 있지만 각자가 서로 다른 입장에서 해석하고 있을 뿐만 아니라 때론 비판적이기까지 하다. 제자들 사이에서 발생하는 승계나 지분을 둘러싼 싸움도 당연히 없다. 애당초 이런 것과 거리가 먼 것이 선생의 사상이며, 우리는 그런 점 때문에 선생에게 매혹되었다고 해도 과언이 아니다.

이 책은 다섯 명의 한국인 필자를 중심으로 두 명의 일본인 필자가 참여했다. 일본인 필자의 경우 한 명은 선생의 대학원 제자이고 다른 한 명은 말 그대로 일반독자라 할 수 있다. 그리고 부록으로 선생의 인터뷰 두 편(「가능한 인문학」[4], 「가능성으로서의 어소시에이션, 교환양식론의 범위」)을 번역하고 선생과 관련된 문헌(국내, 영어권, 일어권)을 정리하여 첨부했다. 인터뷰의 경우, 모두 처음 소개되는 것으로 '인문학의 위기'에 대한 솔직한 입장과 교환양식론과 관련된 최근의 사유를 엿볼 수 있다.

이 책은 선생의 팔순을 기념하기 위해 준비한 것이다. 애초의 계획보다 많이 늦었지만 결국 마무리를 지을 수 있게 되었다. 한 사상가가 언어와 국가라는 장벽을 넘어 영향을 주고 외국에서 그것을 기념할 수 있다는 것, 이것이야말로 선생이 말하는 '가능한 인문학'의 한 모습이지 않을까 한다.

늦게나마 선생의 팔순을 축하드리며, 건강히 오랫동안 더 많은 가르침을 주셨으면 한다.

2022년 8월 6일
조영일

---

[4] 본서의 제목은 이 인터뷰에서 가져온 것이다.

유동과 모험

가라타니 고진과 야마자키 료

이성민

유동과 모험

1

야마자키 료山崎亮의 『커뮤니티 디자인』은 이에시마家島[1]를 포함하여 일본의 다양한 지역에서 진행된 열네 개의 프로젝트에 대한 이야기를 담고 있는 책이다.[2] 야마자키는 '모험'이라는 표현을 사용하지는 않지만, 이 책에 실린 이야기는 모두 모험담으로 읽힌다. 몇 년 전 이 책을 처음 읽었을 때, 나는 친구에게 이렇게 말했다. "이 책은 호메로스의 『오디세이아』 같아!"[3] 그러자 친구는 내게 "넌 과장하는 버릇이 있어"라고 답했다. 나는 속으로 좀 억울하고 답답했

---

[1] 세토내해瀬戸内海 동부 이에시마家島제도에 위치한 섬.
[2] 야마자키 료, 『커뮤니티 디자인』, 민경욱 옮김, 안그라픽스, 2012.
[3] 실제로 이 책은 커뮤니티 디자인 프로젝트를 마치 모험처럼 경험해볼 수 있도록 이후 '어드벤처 북'이라는 형태로 출간되었다(이누이 구미코·야마자키 료, 『작은 마을 디자인하기』, 염혜은 옮김, 디자인하우스, 2014, 191쪽).

다. 곧장 증명할 수는 없지만 나는 그것이 '모험'이라는 것을 확신했다.

  물론 공동체를 디자인하는 야마자키와 그의 동료들의 모험은 전사들의 모험이 아니다. 오히려 일상의 삶을 살아가는 사람들의 모험이다.[4] 그렇기에 야마자키의 책을 읽고 한편으로는 『오디세이아』가 떠올랐지만 다른 한편으로는 오히려 지금까지 없었던 새로운 유형의 모험이 등장한 것은 아닐까 하는 생각을 품게 되었다. "이것도 모험이다!"라는 발견은 곧바로 "이것이야말로 모험이다!"라는 재발견으로 이어졌다. 야마자키는 책을 끝맺으면서 이렇게 말한다. "일상생활을 즐겁고 충실하게 만들기 위해서. 믿을 수 있는 동료를 얻기 위해서. 혼신을 다할 프로젝트를 찾기 위해서. 그리고 충실한 인생을 보내기 위해."[5] 여기서 야마자키는 "이것이야말로 모험이다!"라고 말하고 있는 것만 같다.

---

4) 일상과 모험에 대해서는 다음을 참조. 이성민, 『철학하는 날들』, 행성B, 2018.

5) 야마자키 료, 『커뮤니티 디자인』, 275쪽.

유동과 모험

실제로 이 책에는 모험담에 어울리는 긴장된 순간들이 적지 않게 등장한다. 요노강余野川 댐 프로젝트가 대표적이다. 갑작스럽게 댐 건설 프로젝트가 중단되는 결정이 나자 주민들의 분노는 걷잡을 수 없었다. 이 프로젝트를 위해 행해진 주민들의 희생도 그에 따른 보상도 물거품이 되었기 때문이다. 험악한 대립이 난무하는 가운데 국토교통성 담당자가 야마자키에게 이렇게 속삭였다. "야마자키 씨, 이 상황을 어떻게든 해결할 수는 없을까요?"[6] 야마자키 팀은 이와 같은 문제 상황을 전통적인 투쟁의 방법이 아니라 참신한 디자인의 방법으로 탁월하게 해결한다. 우리는 야마자키가 들려주는 이야기들에서 이와 같은 새로운 모험과 사회적 실천의 풍부한 사례들을 발견할 수 있다.[7]

---

6) 야마자키 료, 『커뮤니티 디자인』, 175쪽.
7) 키스 도스트는 최근 부상하고 있는―사회적 디자인 내지는 커뮤니티 디자인이라고 불리는―이 새로운 실천들을 프레임 창조 9단계 접근법으로 모형화했다(『프레임 혁신: 디자인을 통해 새로운 생각을 창조하기』, 이성민 옮김, b, 2020). 얼마 전 나는 디자인을 전공하는 대학원생들과 함께 이 모형을

가라타니 고진과 야마자키 료

  모험의 유구한 모형은 알다시피 전사들의 전쟁이었다. 오늘날 이와 같은 낡은 모형은 여전히 대중문화의 상상력을 지배하고 있다. 전쟁의 반대가 평화라는 오래된 관념은 전쟁의 파괴에 맞서 평화를 추구하는 구실만이 아니라 평화의 침체에 맞서 전쟁을 요청하는 구실이 되어왔다. "전쟁을 통하여 국민의 윤리적 건전성은… 제대로 보존되는데, 이는 마치 바람의 움직임이 바닷물이 썩지 않도록 막아주는 것과도 같다. 오래도록 바람이 불지 않으면 바다가 부패하듯이 지속적인 평화나 심지어 영구적인 평화는 국민을 부패시킨다."[8] 우리는 헤겔의 이 악명높은 말에 내재하는 설득력을 단지 무시할 수만은 없다. 그런데 이 설득력을 지탱하는 것은 전쟁 대 평화라는 유구한 이분법적 틀 그 자체다. 이러한 이분법은 전쟁에 파괴만이 아니라 활기를 주며, 평화에 보존만이 아니라 침체를 준다. 더 나아가 이 이분법은 전쟁 이외의

가지고 야마자키의 프로젝트들을 분석할 수 있는지를 알아보았고, 궁극적으로는 디자이너들이 성찰적 실천을 통해 습득한 전문성의 방법론적 일반성을 확인할 수 있었다.

8) 헤겔, 『법철학』, 임석진 옮김, 한길사, 2008, 564-565쪽.

유동과 모험

활기차고 강렬한 모험을 상상하기 힘들게 만든다.

오늘날 공동체가 직면하고 있는 중요한 위기 가운데 하나는 헤겔이 말하는 부패가 아니라 오히려 존재 그 자체의 위기이다. 오늘날 공동체는 소멸하고 있다. 자연 생태계가 아니라 인간 생태계가 파괴되고 있다. 야마자키가 랜드스케이프 디자이너의 길을 포기하고 커뮤니티 디자이너의 길을 걷기로 한 이유도 바로 여기에 있다. 대학에서 디자인을 배운 그는 공원도 디자인된다는 것을 새삼 깨닫게 되었다. 이는 "디자인과 디자이너를 인식하게 되는 순간이지만 바로 이 지점에서 또 다른 의문이 생긴다. 그렇게 심혈을 기울인 공원 대다수가 왜 10년도 지나지 않아 사람들의 발길이 끊긴 적막한 장소로 변해 버리느냐는 것이다."[9] 디자인에 대한 이와 같은 인식과 재인식 이후 야마자키는 커뮤니티 디자이너의 길을 걸어간다.

소멸에 대한 잘 알려진 반응 가운데 하나는 가만히 앉아서 "옛날이 좋았다"라고 말하는 것이다. 야마자키는 이 말에서 디자인의 태도와는 반대되는 깊은

---

9) 야마자키 료, 『커뮤니티 디자인』, 41쪽.

무력감을 느꼈고, 그런 이유에서 실행 가능한 작은 실천에 주목한다. 이에시마 프로젝트에서 나온 『이에시마 만들기 독본』10)은 열 명이 할 수 있는 일을 위해 "옛날이 좋았다"라는 말은 이제 그만두자고 제안한다. 이 말과 비슷한 말로는 이런 것들이 있다. "요즘 젊은이들은…." "내가 젊었을 때는…." "이런 일은 상상할 수도 없었지…."

> 식사나 술자리에서 "옛날이 좋았다."라고 말할 때가 있지 않습니까. '그때로 돌아갔으면 좋겠네.'라고 생각하면 불만만 생길 뿐입니다. 대신 "앞으로 어떻게 즐겁게 살아갈 수 있을까?"라는 말을 하면 술자리가 더욱 즐거워질 겁니다. "옛날이 좋았다."라는 말은 이제 그만두지 않으시겠습니까. 그 대신에 "다음에는 이것을 해 볼까." "함께 해 보자."라고 말해 보세요. 건설적인 대화야말로 펄떡펄떡 뛰는 이에시마의 미래를 만드는 계기가 될 것입니다.11)

---

10) 원제는 『이에시마를 만드는 25가지 방법』.

유동과 모험

 이 내용을 읽고 나는 고개를 끄덕일 수 있었다. 백 명이 할 수 있는 일이 있고, 천 명이 할 수 있는 일이 있지만, 열 명이 할 수 있는 일도 있다. 작은 것들이 눈에 들어오는 관점에서 볼 때, 몰락한 전통적 습속은 공동체 디자인 실천을 통해 치유되거나 갱신될 수 있다. 그리고 나는 왠지 한나 아렌트가 혁명의 모형으로서 프랑스혁명과 러시아혁명을 거부하면서 주목한 소규모 집단들의 이소노미아적 실험의 유구한 전통이 여기서 새로운 가능성을 발견하는 것은 아닐까 하는 생각이 든다.

 사실 야마자키를 읽기 전 출간된 나의 책 『일상적인 것들의 철학』의 원래 제목은 '작은 것들의 이념'이었다. 나는 인도의 작가 아룬다티 로이의 『작은 것들의 신』에서 영감을 얻어 이런 제목을 생각했다. 엄청 큰 것을 좋아하는 사람들이 여전히 엄청 많기는 하지만, 그리고 촛불 집회처럼 그런 것이 여전히 중요하고 유효할 때도 있지만 말이다. 나중에 다시 들여다보니,

---

11) 야마자키 료, 『커뮤니티 디자인』, 129쪽.

이 책에서 나는 아직 공동체 디자인에 대해 생각하고 있지 않았지만, 공동체의 원리들을 캐묻고 있었다.

그렇지만, 열 명이 할 수 있는 일을 위해 "옛날이 좋았다"라는 말은 그만두자는 『독본』의 제안과 달리, 나는 열 명이 할 수 있는 일을 하자는 데 깊게 동의하면서도 "옛날이 좋았다"라는 생각을 내 안에서 물리칠 수는 없었다. 그 생각은 머릿속 어딘가에 늘 있었다. 언젠가부터 나는 늘 과거로 돌아가고 있었다. 따라서 일상의 작은 프로젝트=모험의 중요성에 대한 새로운 깨달음은 좋았던 과거에 대한 오래된 믿음과 충돌하는 것처럼 보였다. 그렇지만 둘 모두 내 안에 있었으므로, 나는 둘 사이에서 진자처럼 왔다 갔다 할 수밖에 없었다. 둘 중 어느 하나도 놓지 못하면서 말이다.

2

가라타니 고진은 끊임없이 '좋았던 옛날'을 불러내는 사람이다. 그는 오랫동안 찬양되어온 아테네의 민주주의를 놓고도 좋았던 옛날을, 즉 이오니아의

유동과 모험

이소노미아를 불러낸다. 불러낼 때 그는 그것의 이념만이 아니라 실존을 확신한다. "이소노미아는 그저 이념이 아니었다. 그것은 이오니아 도시들에 현실적으로 존재했던 것이고, 이오니아가 몰락한 후에는 이념으로서 다른 폴리스로 퍼졌던 것이다."[12] 최근에 출간된 『세계사의 실험』도 크게 다르지 않다. 여기서 그는 야나기타 구니오의 길을 따르면서 '좋았던 옛날'로서의 산인과 늑대에게로 돌아가고 있으며, 마루야마 마사오의 뒤를 쫓으면서 역사의식의 고층으로 돌아가고 있다. 가라타니는 산인과 늑대의 존재에 대한 야나기타의 확신을 특별히 언급한다. 증명할 수 없는 확신 같은 것이 있는 것인 양 말이다.

가라타니 고진은 또한 거대한 것보다는 작은 것들을 선호한다. 이는 그가 수직적인 것보다는 자유롭고 수평적인 것을 선호한다는 사실의 또 다른 측면으로 볼 수 있다. 아무래도 거대한 규모라고 하는 것은, 작은 것들의 연합이 아닐 경우, 국가와 같은 위계적

---

[12] 가라타니 고진, 『철학의 기원』, 조영일 옮김, b, 2015, 40쪽.

가라타니 고진과 야마자키 료

조직일 테니까 말이다. 집단적 삶에 대한 가라타니 고진의 상상력은 홉스의 리바이어던적 상상력과는 근본적으로 다른 것이다. 이 점에서 가라타니의 기본 기질은 아즈마 히로키보다는 야마자키 료에 더 가깝다고 할 수 있다. 야마자키는 루소에게서 영감을 받은 아즈마의 『일반의지 2.0』을 평가하면서 이렇게 말한다.

> 정부나 국가를 겨냥해 생각해본 『일반의지 2.0』과 우리의 방법론 사이에는 공통되는 부분도 있지만, 다른 부분도 있습니다. 그중 하나는 규모에 대한 생각입니다. 책 속에 이런 말이 쓰여 있더군요. '커뮤니케이션에 대한 합의 형성에는 저절로 규모의 한계가 생긴다. 우리는 그 한계를 넘은 지점에서 설계자의 자의성을 억제하는 시스템을 발명해야 한다.' 국가나 정부를 생각해보면, 확실히 그것이 중요한 일이겠다는 생각이 들지만, 저는 반대로 규모의 한계를 인식한다면 가능한 한 그 규모를 넘지 않는 스케일로 일을 진행해야

유동과 모험

한다고 생각합니다. 그 때문에 저는 워크숍 참여자가 너무 많아지면 2부제로 나눠서 스케일을 작게 유지합니다. 아마도 '스몰 이즈 뷰티풀'이라는 생각이 제 마음속에 존재하는 탓이겠죠.[13]

그렇지만, 야마자키 료가 프로젝트=실천에 기반한 새로운 유형의 지식인이라면, 가라타니는 실천적 경력이 없지 않음에도 불구하고 옛 유형의 지식인이라고 볼 수밖에 없다. 최근에 나는 『세계사의 실험』을 읽으면서 가라타니에게 있어서 실천적 상상력의 최대치가 '실험'이라는 낱말로 표현되고 있음을 발견했다. 그는 이 매력적인 용어를 재레드 다이아몬드의 『역사의 자연실험』[14]에서 발견했는데, 그렇지만 이때 실험이라는 표현은 문자적 표현이 아니라 은유적 표현이었다. 가라타니는 이 사실을 또렷하게 의식하고 있다.

---

[13] 이누이 구미코·야마자키 료, 『작은 마을 디자인하기』, 223쪽.
[14] 제임스 A. 로빈슨과 함께 편집한 책으로 『역사학, 사회과학을 품다』(박진희 옮김, 에코리브르, 2015)로 번역되어 있다.

"자연실험의 '자연'은 실험하는 주체가 자연이라는 의미가 아닙니다. (…) 실제로는 인간에 의한 비교분석입니다."15) 이때 그는 이상하게도 배를 타고 떠나기로 결심했던 사람들 자신들의 실험 내지는 모험을 주제화하지 않고 있으며, 이 사람들을 다윈의 연구 대상과 사실상 등치시킨다. 모험을 하는 사람들에게 강하게 이끌리면서도, '실험'이라는 낱말을 연구자 편에 놓음으로써, 마치 스스로 모험을 하는 듯한 가상을 만들며, 스스로 모험을 하지 않는다는 사실을 감춘다.

 이것은 철학자의 운명이다. 헤겔이 그 운명을 놓고 "미네르바의 부엉이는 황혼이 깃들 무렵에야 비로소 날기 시작한다"라고 말했듯이 말이다. 그렇지만 가라타니에게서 특별히 흥미로운 점은 그가 궁극적으로는 거대하고 웅장한 체계보다는 작은 무리로 유동하는 사람들에게 이끌린다는 사실이다. 그는 더 이상 존재하지 않는 그들이 존재했다는 – 더 나아가, 좀 이상한

---

15) 가라타니 고진, 『세계사의 실험』, 조영일 · 윤인로 옮김, 비고, 2021, 29-30쪽.

말이기는 하지만, 존재한다는 - 확신을 가지고서 그들에게 이끌린다.

3

가라타니 고진의 야나기타론에서 이 확신은 증명할 수 없는 확신이라는 양태를 취한다. 그것은 왕보리수 나무에 탐스럽게 열린 빨간 열매처럼 많지는 않지만, 야자나무에 달린 야자열매만큼은 되며, 그렇기 때문에 어렵지 않게 알아 볼 수 있다. "야나기타는 고유신앙에 관해 확신을 가졌지만 그것을 '증명'하는 일은 불가능했다. 거기로부터 야나기타 특유의 초조함, 울화증, 나아가 자기 숨김이 생겨난다."16)

증명할 수 없는 확신이 한 가지 종류인 것은 아니다. 가령 증명할 수 없어도 멈추지 않는 확신으로는 종교적 확신이 있다. 그렇지만 종교적 확신을 가진 사람은 증명할 수 없다는 이유로 답답해하거나 초조해하지

---

16) 가라타니 고진, 『유동론』, 윤인로 옮김, b, 2019, 136쪽.

않는다. 종교는 단지 믿음의 문제이지 증명의 문제가 아니니까. 여기서 나의 관심사는 이런 종교적 확신이 아니다.

야나기타의 증명할 수 없는 확신은 초조함이나 울화증이 생겨나게 하기도 하지만, 확신하는 것을 찾아 나서게도 한다. 그리하여 길고도 긴 어떤 탐험 내지 탐구가 시작되는 것이다. 종교적 믿음은 순례를 부추길 수는 있어도 그와 같은 탐구를 부추기지 않는다. 반면에 야나기타는 산인이나 늑대나 고유신앙의 실재를 확신했으며, 그렇기에 그것들을 찾으러 다녔다.

종교적 믿음이 이와 같은 탐구를 부추기지 않는다는 것은 이상할 것도 없다. 퍼스가 말하듯이, 탐구는 믿음이 아니라 의심에서 시작된다. "의심의 자극은 믿음 상태에 도달하려는 분투를 야기한다. 이 분투를 나는 탐구라고 부를 것이다."[17] 그렇다면 우리가 주목하고 있는 현상은 참으로 흥미로운 현상이다. 이

---

17) 찰스 샌더스 퍼스, 「믿음의 고정」, 『퍼스의 기호학』, 김동식 · 이유선 옮김, 나남출판, 2008, 260쪽.

유동과 모험

현상은 의심이 아니라 확신이나 믿음 때문에 탐구를 시작할 수도 있다는 것을 알려준다.

 야나기타의 경우도 탐구의 배경에 의심이 있다고 말할 수는 있다. 가령 그는 전쟁으로 집을 떠난 젊은이들이 다시 고향땅으로 돌아오지 못하게 하는 국가에 대해 의심을 품고 있었다. 그런데 이러한 의심 내지 국가 비판에 동의하는 일은 어려운 일이 아니다. 그렇다고 해도 야나기타의 확신에 대해 동의하는 일이 항상 당연한 것은 아니다. "그들은 국가를 향한 야나기타의 비판에 관해서는 평가하지만, 야나기타가 믿고 있는 가장 중요한 것을 믿지는 않는다. 나아가 그렇게 믿을 수 없다는 것을 괴로워하지도 않는다. 선조신앙은 종교의 미개단계라고 여기고 있기 때문이다."[18] 그렇지만 야나기타에게서 비판과 믿음은 떼려야 뗄 수 없는 것이다. 더 나아가 둘 가운데 어느 것이 우선이냐를 따진다면 그것은 바로 믿음이다. 그가 국가를 비판하는 것은 선조신앙에 대한 믿음, 증명할 수 없는 어떤 확신 때문이다.

---

18) 가라타니 고진, 『유동론』, 26쪽.

이 확신은 야나기타의 여정만을 설명하는 것이 아니라, 적어도 내게는, 가라타니 본인의 여정도 설명해준다. 나는 가라타니의 체계적 탐구가 늘 '세계공화국'이라는 이상 내지는 규제적 이념으로 귀결되는 것이 의아했다. 그는 희망과 절망의 언어로 그 결론을 옹호한다. "물론 그 실현은 용이하지 않지만 결코 절망적이지 않습니다. 적어도 그 루트만큼은 분명하기 때문입니다."[19] 그렇지만 그 언어는 욕망의 언어가 아니며, 모험을 내포하는 언어가 아니다.[20] 국가 비판의 결론에서 그는 늘 전쟁의 맞은편에 있는 평화를 바라보고 있었다. 그렇지만 나는 가라타니가 쓴 두 편의 야나기타론을 읽으면서 그의 국가 비판을 이끌고 있는 보이지 않았던 추동력이 무엇인지를 깨닫게 되었다. 그것은 작은 것들의 존재에 대한 증명할 수 없는 확신이다.

---

[19] 가라타니 고진, 『세계공화국으로』, 225쪽.
[20] 이성민, 「연합의 길」, 『사랑과 연합』, b, 2010, 308쪽.

유동과 모험

4

 야나기타에게 있어 작은 것들 가운데 하나는 아동이었다. 야나기타는 증명할 수 없는 작은 것들을 찾아, 산인과 늑대와 고유신앙을 찾아 다이아몬드가 말하는 '어제까지의 세계'로 긴 여정을 떠난다. 그렇지만 바로 그 어제까지의 세계를 보존하는 것이 바로 아동이다. "아동은 … 오래전에 주어진 것이라도 그들이 받은 인상의 깊이에 따라 천년·오백년 후까지도 전달했으며 항상 신선한 감화에는 유순했다."[21] 그런데 아동이란 또 다른 의미에서도 어제까지의 세계다. 우리 모두가 '어제까지' 아동이었다는 의미에서 말이다. 아동이 어제까지의 세계를 보존하고 우리 자신이 어제까지 아동이었다면, 어제까지의 세계는 지금은 사라진 먼 과거에 불과하지 않으며 오히려 현재이다. "어제의 세계는 오늘의 새로운 세계에 의해 지워지고 대체되지 않았다. 어제의 대부분이 아직도 우리 곁에

---

21) 柳田國男,「こども風土記」,『柳田國男全集』(23), ちくま文庫, 1990, 82頁.

있다." "어제까지의 세계는 적잖게 우리 몸과 우리 사회에서 계속 산다."22)

우리는 아동이 언제나 작은 집단이라는 사실에 주목할 필요가 있다. 정신분석은 아동과 부모의 수직적 관계를 강조하면서 이 사실을 오랫동안 은폐해왔다. 최근에 영문학자이자 정신분석가인 줄리엣 미첼은 아이들에게는 부모만이 아니라 동기간과 또래집단의 측면 관계가 독립적으로 중요하다는 사실을 새롭게 강조하기 시작했다.23) 말리노프스키가 '아이들의 공화국'이라고 부른 이 작은 집단이 자유=평등이 자라나는 근원지라는 것을 미첼은 알고 있었다. 이 작은 집단은 말하자면 이소노미아(자유=평등)의 유구한 근원지인 것이다. 이소노미아의 사상가 아렌트는 이렇게 말한다. "그리스인들은 또래들 가운데가 아니라면 아무도 자유로울 수 없다고 여겼다."24)

---

22) 제러드 다이아몬드, 『어제까지의 세계』, 강주헌 옮김, 김영사, 2013, 20쪽과 50쪽.
23) 줄리엣 미첼, 『동기간: 성과 폭력』, 이성민 옮김, b, 2015.
24) 한나 아렌트, 『혁명론』, 홍원표 옮김, 한길사, 2004, 99쪽.

유동과 모험

가라타니의 『세계사의 실험』에는 "야나기타 구니오와 코기토"라는 재미난 제목의 절이 있다. 내용도 정말 재미나다. 가라타니는 여기서 Cogito ergo sum의 번역 문제를 꺼내든다. 알다시피 이 유명한 언명은 "나는 생각한다, 그러므로 나는 존재한다"라고 번역되어 왔다. 가라타니는 데카르트가 유독 이 문장을 "나"라는 주어가 드러나 있지 않은 라틴어로 쓴 이유를 따진다. 그러고는 이렇게 결론을 내린다. "데카르트가 말하는 주관(주체)은 나(자기)와는 다르며 일인칭으로 지시되는 것과 같은 것이 아니다. 그런데 프랑스어로 말하면 마치 주관이 경험적으로 존재하는 것과 같은 오해가 생긴다."[25] 결국 가라타니는 저 라틴어 문장을 간사이 사투리를 사용해서 "생각해, 그러니까, 존재해"라고 옮긴다. 나는 왠지 이 번역이 또래말을 사용한 번역처럼 보인다.

가라타니는 또래문화의 흔적을 곳곳에서 찾아낸다. 그것은 그에게서 아직은 의식적으로 중요한 개념이 되어 있지는 않지만 이미 그의 눈이 되어 있는

---

25) 가라타니 고진, 『세계사의 실험』, 135쪽.

듯하다. 그 눈은 가령 한국의 드라마를 보면서 일본에서는 사라진 부부싸움을 하나의 문화로서 발견하고 있다.[26] 부부싸움은 또래들의 싸움을 닮았다. 흥미롭게도 도이 다카요시는 일본에서 또래관계가 친구관계에서 친절한 관계로 변질되고 있음을 관찰한다. 친구관계란 "수많은 대립과 갈등 속에서도 결별과 화해를 반복하며 서서히 흔들림 없는 관계를 구축해가는 사이다." 반면에 "대립의 회피를 최우선으로 하는 젊은이들의 인간관계"는 친절한 관계이다.[27] 가라타니 역시 같은 것을 관찰한다. "일본에서는 겉으로는 싸움이 회피된다."[28]

가라타니의 눈은 또한 마루야마 마사오의 '역사의식의 고층'을 향한다. 마루야마는 『고사기古事記』의 국토분만 신화에 등장하는 이자나기노미코토와 이자나미노미코토 이야기를 꺼내면서 논의를 끌고 가는데,[29] 이 두 신은 부부신이면서 남매신이다. 가라타니

---

26) 가라타니 고진, 『세계사의 실험』, 13장 참조.
27) 도이 다카요시, 『친구지옥』, 신정현 옮김, 새움, 2016, 11쪽.
28) 가라타니 고진, 『세계사의 실험』, 243쪽.

는 이를 부계나 모계가 아닌 쌍계와 연결한다. 이와 관련하여 흥미로운 것은 정신분석만이 아니라 인류학에서도 전통사회를 측면 축을 중심으로 다시 바라보는 시도가 있다는 사실이다. 아네트 와이너는 말리노프스키가 연구하여 유명해진 트로브리안드 사회의 중심축을 (수직적 관점에서 본) 어머니-삼촌이 아니라 (측면적 관점에서 본) 남동기-여동기로 재설정한다.[30] 즉 이 사회는 모계 부권 사회가 아니라 남매계 사회였던 것이다. 남매계 사회는 부모가 자식을 낳거나 만드는 사회라기보다는 이소노미아적 집단이 계속해서 이어지는 사회다. "거기서 중요시되었던 것은 적자의 계통이 아니라 집으로서의 연속성·무궁성이다."[31] 여기서 우리는 측면 집단의 독자적 연속성의 가능성을 본다.

가라타니의 눈은 또한 늑대에게서 친구를 본다.

---

29) 가라타니 고진, 『세계사의 실험』, 14장 참조.
30) Annette B. Weiner, *Inalienable Possessions*, Berkeley: University of California Press, 1992.
31) 가라타니 고진, 『세계사의 실험』, 255쪽.

"야나기타에 따르면, 늑대는 신이었다. 그렇지만 인간이 우러르는 신이 아니라 친밀한 벗과 같은 신이다. 바꿔 말해 천상에서 내려오는 '수직적'인 신이 아니라 조령처럼 건너편에서 방문하는 '수평적'인 신이다."[32] 이 늑대개는 인간의 수렵 파트너였던 것이다.

5

자유롭고 평등한 작은 집단의 정주 이전의 유동성, 그것을 가라타니는 오래된 것이면서도 미래적인 것이라고 부른다.[33] 그것은 그가 교환양식 D라고 부르는 것이다. 가라타니는 그것이 정확히 무엇인지 잘 알지 못한다. 그래서 그것을 그저 'X'라고 부르기도 한다. 한편으로 그것은 증명할 수 없지만 분명 어제까지도 존재했던 어떤 것이고, 다른 한편으로 "현실에 존재하고 있는 것은 아니지만 항상 이념으로서 계속 존재하

---

[32] 가라타니 고진, 『세계사의 실험』, 202쪽.
[33] 가라타니 고진, 『유동론』, 198쪽.

는 형태"34)다. 가라타니에게서 이 오래된 미래는 산인이나 늑대의 형태만이 아니라 규제적 이념의 형태를 하고 있다.

가라타니는 이 규제적 이념의 작동 방식과 관련해서 아주 흥미로운 예를 든다. 원자폭탄 개발을 위한 맨해튼 프로젝트. 이 프로젝트에 관여한 노버트 위너에 따르면, "원자폭탄 제조에 성공한 후, 방첩 상에서 최대의 기밀이 된 것은 원자폭탄의 제조법이 아니라 원자폭탄이 제조되었다는 정보였다." 왜일까? 왜냐하면 "같은 시기에 독일과 일본에서도 각자 원자폭탄의 개발을 진행하고 있었기 때문에, 그것이 제조되었다는 사실이 알려지면 곧바로 개발에 성공하기 때문이다." 가라타니는 규제적 이념이 이처럼 발견적으로 작용한다고 말한다.35)

전쟁을 하고 있는 나라들에게 '원자폭탄'은 승리와 생존을 위해 절실하게 필요한 무기였을 것이다. 그럴 때는 폭탄이 제조되었다는 단순한 정보도 전에 없던

---

34) 가라타니 고진, 『세계공화국으로』, 36쪽.
35) 가라타니, 『트랜스크리틱』, 이신철 옮김, b, 2013, 84쪽.

방식으로 욕망을 부추길 수 있다. 그렇다고 했을 때, 가라타니의 저 X가 어딘가에서 개발되었다는 소식은 어떨까? 그 소식은 다른 곳에서도 X를 개발하려는 욕망을 부추길까?

그렇다고 해서 나는 X의 실현이 온통 '위'와 '아래'라는 수직적인 언어가 사용되고 있는 다음과 같은 방식일 것이라고 생각하지는 않는다.

> 각국에서 일어나는 '아래로부터'의 운동은 국가들을 '위로부터' 봉封함으로써만 단절을 면합니다. '아래로부터'와 '위로부터'의 운동의 연계에 의해 새로운 교환양식에 기초한 글로벌 커뮤니티(어소시에이션)가 서서히 실현됩니다. 물론 그 실현은 용이하지 않지만 결코 절망적이지 않습니다. 적어도 그 루트만큼은 분명하기 때문입니다.[36]

내가 보기에 이러한 루트는 아무리 분명하다고

---

36) 가라타니 고진, 『세계공화국으로』, 225쪽.

유동과 모험

해도 더 이상 사람들의 욕망을 새롭게 부추기지 않을 것이다.

 나는 야마자키 료의 모험담을 읽으면서, 먼 옛날의 유동민처럼 일상의 삶에서 즐거운 모험을 하는 작은 집단들이 인위적으로 디자인될 수 있다는 사실에 깊은 인상을 받았다. 가령 '캐스트' 은유를 통해 진행된 아리마후지有馬富士공원 프로젝트는 50개 이상의 커뮤니티를 낳았으며, 이 커뮤니티들이 협력해서 10년째 공원을 즐거운 장소로 만들고 있다.[37] 이 커뮤니티들은 모험을 하는 작은 집단들이며, 아리마후지공원은 이 집단들의 거대한 연합인 것이다.

 피터 센게는 이 집단을 권위주의적 통제적 조직과 구별하여 '학습하는 조직'이라고 부른다. 학습하는 조직은 야나키타가 추적했던 정주 이전의 유동민이건 말리노프스키가 트로브리안드 군도에서 발견한 아이들의 공화국이건 아니면 지금 이 순간 동네 놀이터에서 같이 놀고 있는 아이들이건 혁신학교의 교원학습공동체이건 어떤 회사의 제품 개발 프로젝트 팀이건

---

37) 야마자키 료, 『커뮤니티 디자인』, 52쪽.

사실 언제나 있어왔다. 다만 이 조직 자체를 개발하기 위한 방법이 알려져 있지 않았던 것이다. "학습하는 조직의 개발을 위한 기술들, 지식분야들, 경로들이 알려지기 전까지, 오랜 시간 동안, 학습하는 조직을 건설하려는 노력들은 어둠 속을 더듬는 것과도 같았다." 하지만 이제 그 방법들이 알려져 있으며, 따라서 이제 학습하는 조직이 '상업 비행'을 시작할 때가 되었다.[38]

센게에 따르면, 학습하는 조직을 경험한 다수가 "인생의 많은 시간을 그 경험을 다시 찾는 데 썼다고 말한다."[39] 어쩌면 바로 그처럼 "야나기타는 생애 전체에 걸쳐 정주 이전의 유동성에 몰두했다."[40] 그렇다고 했을 때 야나기타는 분명 그것을 어떤 형태로든 경험했을 것이다. 나는 가라타니 또한 그것을 경험

---

[38] 피터 센게, 『학습하는 조직』, 강혜정 옮김, 에이지21, 2014, 27-28쪽. 라이트 형제의 비행이 성공한 이후 '상업 비행'까지는 30년이 걸렸다.

[39] 피터 센게, 위의 책, 25쪽.

[40] 가라타니 고진, 『유동론』, 196쪽.

했을 것이라고 추측한다. 내가 가라타니의 유동론에 강하게 이끌리고 또 야마자키의 모험담에 같은 식으로 강하게 이끌리는 것이 나의 좋았던 어린 시절이나 대학 시절의 또래 경험과 분명 관련이 있듯이 말이다.

야나기타가 증명할 수 없는 자신의 확신을 증명할 수 없는 것은 단지 그것이 존재하지 않기 때문이 아니다. 거대한 전쟁으로 마음이 들뜨거나 황폐해지면 사람들은 더 이상 작은 이념을 믿지 않게 되고 작은 목소리를 듣지 않게 되기 때문이다. 또는 아룬다티 로이가 말하듯 "큰 신이 열풍처럼 울부짖으며 복종을" 요구할 때 "작은 신은 마비가 되어 자신의 무모함을 망연자실 비웃으면서"[41] 가버리기 때문일지도 모른다.

---

41) 아룬다티 로이, 『작은 것들의 신』, 황보석 옮김, 문이당, 1997, 34쪽.

내향, 내성, 소행

가라타니 고진과 후루이 요시키치

이승준

내향, 내성, 소행

1 전후문학과 '내향의 세대'

지금은 거의 잊혔지만 1970년대 초, 문예평론가 가라타니 고진은 '내향內向의 세대' 비평가로 분류되었다. 오다기리 히데오는 1971년에 발표한 「현대문학의 쟁점」[1]에서 전후에 등장한 문학 세대 중 여섯 번째로 '내향의 세대'를 정의했다. 이는 당시의 문단 상황을 포괄적으로 비판하기 위한 개념 설정이었는데, 작가로는 후루이 요시키치古井由吉, 고토 메이세이後藤明生, 구로이 센지黒井千次 등을, 비평가로는 가와무라 지로川村二郎, 아에바 다카오饗庭孝男 그리고 가라타니 고진을 거론했다.

그런데 최근 발표된 짧은 평론에서 가라타니는 오랜만에 '내향의 세대'를 언급했다. '내향의 세대'를 대표하는 작가 후루이 요시키치가 2020년 2월에 타계한 것이 계기였다.

---

1) 小田切秀雄, 「現代文学の争点」, 『東京新聞』, 1971年 5月 6日.

가라타니 고진과 후루이 요시키치

    전쟁 체험에 의거하는 문학을 '전후문학'으로 볼 경우 후루이 요시키치는 분명 '전후문학'의 마지막 세대인 '내향의 세대'에 해당된다. 후루이가 그렇다면 나도 마찬가지다. 예를 들어 한밤중에 방공호에 끌려 들어가 울고 소이탄이 떨어져 불타는 인근 가옥들을 본 기억이 있다. (중략) 후루이 요시키치는 '내향의 세대'라 불렸다. 이 경우 '내향'이란 타자·사회에 등을 돌리고 자기의식 안에만 틀어박혀 있음을 의미했다.[2]

    오다기리는 '타자·사회에 등을 돌리고 자기의식 안에만 틀어박혀' 있는 '내향의 세대' 작가 및 그들을 옹호하는 비평가들을 비판했다. 가라타니가 가장 적극적으로 다룬 동시대 작가로는 나카가미 겐지中上健次를 들 수 있다. 하지만 나카가미 이전에 후루이 요시키치가 있었다는 사실에 주목하는 사람은 많지

---

[2] 柄谷行人,「コロナウィルスと古井由吉」,『群像』, 2020年 7月, 146頁.

내향, 내성, 소행

않은 것 같다. 가라타니는 '내향의 세대' 중에서도 후루이의 초기 작품의 실험성과 비평성을 높이 평가했다. 그렇다면 후루이 요시키치 문학의 어떤 면이 그의 관심을 끌었던 것일까.

2 '내면으로의 길'과 '외계로의 길'

우선 1970년에 있었던 두 좌담회를 짚고 넘어갈 필요가 있다. 둘 다 잡지 『문예文藝』가 기획한 것으로 하나는 3월호에 실린 「현대작가의 조건」이었고, 다른 하나는 9월호에 실린 「현대작가의 과제」였다. 전자는 아베 아키라阿部昭, 구로이 센지, 고토 메이세이, 사카가미 히로시坂上弘, 그리고 후루이 요시키치가 참석했고, 후자는 전자에 참석한 소설가 전원과 비평가 아키야마 슌秋山駿이 사회자로 참가했다.

이 두 좌담회에 참석한 작가들의 이름은 '내향의 세대' 대표작가로서 문학사에 남아 있다. 아키야마 슌 또한 '내향의 세대' 비평가 리스트의 첫머리에 놓인다. 즉 두 좌담회는 '내향의 세대'의 존재가 가시화되는 결정적인 계기였던 것이다. 오다기리가 1971년 '내향의 세대'를 비판한 계기 중 하나도 바로 1970년의 두 좌담회였다.

오다기리는 후루이의 다음과 같은 발언에 일종의 위기감을 느꼈을 것이다.

> 매일 아침 일어나 신문을 읽습니다. 신문에는 사설이 있고 촌평이 있고 익명비평란이 있고 투고란이 있고 공해를 비롯한 사회악을 고발하는 문장이 있습니다. 신문은 비평정신으로 가득 차 있습니다. 이러한 신문을 읽으면 자다가 막 깬 불쾌감 때문인지는 모르겠지만 너무 괴로운 기분이 듭니다. 너무 불쾌한 기분이 든다는 말입니다. (중략) 제 나름의 생각을 말하자면, 비평 자체에도 비평 대상이 그렇다고 생각하는 것처럼 어딘가 인간을 경시하는 부분이 있는 건 아닌지. 인간이 행하는 악을 비판할 때, 비판 자체가 정당하다 하더라도 비판자 안에 인간적인 것에 대한 지나

내향, 내성, 소행

친 불관용, 미움과 같은 것이 조금은 섞여 있는 게 아닌지. 사람이 사람을 비판할 때 비판하는 인간은 그저 비판자가 되고 비판받는 인간이 그저 비판대상이 됩니다. 이런 식으로 인간 상호간 납득과 이해의 영역 밖에 놓여 버리기에 실제 인간의 모습보다 더 무섭게 느껴집니다.[3]

후루이의 발언은 전반적으로 추상적이지만, 여기서는 '공해'를 언급하고 있음에 주목하고 싶다. 한국전쟁 특수를 시작으로 박차를 가하게 되는 전후일본의 고도경제성장은 수많은 사회적 문제를 야기했다. 그중 가장 심각한 문제가 바로 '공해'였다. 패전의 아픔을 겪은 일본은 단숨에 눈부신 경제 성장을 이룩했고 그를 과시하듯 1964년에는 도쿄 올림픽을, 1970년에는 오사카 만국박람회를 개최했다.

하지만 이와 같은 가시적 경제성장의 뒤에는 '공해'에 신음하는 사람들이 있었다. 당시 지식인·문학자

---

[3] 秋山駿 外, 「座談会: 現代作家の課題」, 『文藝』, 1970年 9月, 267-268頁.

가라타니 고진과 후루이 요시키치

들 중에는 공해문제에 관심을 가진 이들이 적지 않았는데, 가장 유명한 이로는 『고해정토苦海浄土―내 미나마타병わが水俣病』(1969)를 쓴 이시무레 미치코石牟礼道子가 있다. 오다기리가 리더격인 동인계간지 『문학적 입장文学的立場』도 이에 주목했다. 『문학적 입장』 2호에는 「아시오 광독 문제足尾鉱毒問題―두 개의 증언二つの証言」이 실려 있다. 아시오 광독 사건은 메이지 초인 19세기 후반에 도치기현과 군마현 인근에서 발생한 일본 최초의 공해사건이다. 약 100년 전 사건의 증언을 수록하는 이유는 과거의 증언을 읽고 현재를 과거와 비교함으로써 공해가 반인간적 파괴 행위임을 깨닫게 하기 위해서였다.[4]

그와 같은 동시대 분위기를 생각하면 후루이의 발언은 오해를 사기가 쉽다. 마치 공해문제 비판을 비판하는 것처럼 보일 수 있기 때문이다. (실제 후루이가 특정대상을 상정하고 발언했는지는 알 수 없으나) 이러한 후루이의 발언이 오다기리와 같은 문학자들의

---

4) 「足尾鉱毒問題―二つの証言」, 『季刊 文学的立場』, 2号, 1970年 9月, 131頁.

내향, 내성, 소행

심기를 건드렸을 것이다. 그런데 꼼꼼히 읽으면 공해 문제를 비판해서는 안 된다거나 공해가 옳다고 말하고 있지는 않다. 후루이는 비판하는 자와 비판받는 자가 마치 대조항처럼 고정되는 구조 자체에 대해 이야기하고 있다. 후루이는 소설에서 이 문제를 다음과 같이 쓰고 있다.

> 그리고 보행자가 횡단보도 앞에서 애매하게 속도를 늦춘 자동차 앞을 어정쩡한 걸음걸이로 지나갈 때, 차 안과 밖에서 주고받는 희미한 적의가 깃든 시선. 서로 입장을 바꿔 생각해 보는 상상력이 없지는 않겠지만, 운행자는 지금 실제로 운행자이고 보행자는 지금 실제로 보행자이기에 어떻게 할 수가 없는 미움. 그것이 나에게 피로감을 주고 미움에 지나치게 민감한 나 자신에게 혐오감을 안겨 주었다. (중략) 그러자 나는, 맹렬히 퍼붓는 소나기 속을 어깨를 쭉 펴고 당당히 걸어가는 모습을 내 안에서 느꼈다. 그리고 내 옆을 지나가는, 더 놀고 싶은 건지 광기어린 눈빛으로

인파를 헤쳐 나가는 아이의 모습을 보았다.[5]

  이런 상황은 일상에서 흔히 일어날 수 있다. 그리고 곧바로 망각되기 쉽다. 평소 자동차로 이동하는 일이 잦은 사람이라도 횡단보도를 건널 수 있으며 그 반대도 마찬가지이다. 가라타니 고진은 후루이 소설의 참신함이란 한쪽 입장에서 다른 한쪽을 비평·비판하는 것이 아니라 비판·비평이 성립하는 관계를 바탕으로 인간을 파악하려는 시도에 있다고 말한다.[6]

  이와 같이 구조 혹은 관계를 통해 인간을 파악하려고 하는 후루이 요시키치는 그러한 구조와 관계의 중심에 '나'를 설정한다. '서로 입장을 바꿔 생각해 보는 상상력'으로 '나'에 대해 생각한다고 가정하면, 운행자 '나'는 상황에 따라 보행자 '나'가 될 수도 있고 운행자 '나'가 될 수도 있다. 비판하는 사람

---

[5] 古井由吉,「先導獣の話」(1968),『円陣を組む女たち』, 中央公論社, 1970, 57頁.

[6] 柄谷行人,「閉ざされた熱狂」(1971),『畏怖する人間』, 講談社, 1990, 181頁.

내향, 내성, 소행

'나'는 비판받는 사람이 될 수도 있는 것이다. 이를 뒤집으면 '나'는 운행자도 아니고 보행자도 아니고 비판하는 사람도 아니고 비판받는 사람도 아닐 수도 있게 된다. '나'가 '나'이면서 동시에 '나'가 아닐 수도 있는 구조와 관계. 그렇다면 이러한 구조와 관계 속에 있는 '나'란 무엇인가?

하지만 이를 관찰하려는 문학적 시도는 패러독스에 빠질 수밖에 없다. 물론 이러한 패러독스의 바깥에 있기란 그리 어렵지 않다. 운행자 아니면 보행자 혹은 비판하는 사람 아니면 비판받는 사람의 입장을 자신의 것으로 삼고 외부를 관찰하면 된다. 그러나 후루이는 그것을 거부한다. 그는 한쪽에서 다른 한쪽을 비평·비판하는 언어가 아니라 양쪽 다 볼 수 있는 구조를 통해 관계성을 보려고 한다. 가라타니가 평가하는 후루이의 시점이 바로 이것이었다.

그렇다면 후루이의 시선은 오직 '나'의 '안內'으로만 '향向'하는 것일까? 오다기리가 '내향의 세대' 비평가로 꼽는 아에바 다카오는 '내향의 세대'로 묶여 비판을 받는 신인작가들의 문학을 적극적으로 옹호했다. 아에바는 '나'가 붕괴된 지점에서 출발하는 신인 작가들의 고독한 영위에 주목하면서 그들의 문학적 시도는 인간 존재에 대한 근본적인 검증작업으로서 가치를 지닌다고 주장했다.[7] 가와무라 지로도 "현대는 객체와 주체, 현실과 꿈, 건강과 병환, 그 외 통념으로 여겨지는 다양한 이원대립을 서서히 해소해 가는 시대"라고 주장했다. 가와무라는 이러한 시대인식을 바탕으로 사실을 반영하는 장르로서의 소설이라는 개념에 의구심을 품고 '내면으로의 길'을 모색하는 신인 작가들의 등장은 필연적이라고 주장했다.[8]

그렇다면 오다기리가 '내향의 세대'를 어떻게 정의했을까.

> 최근 주목을 받는 신인 작가·비평가들은 약간의 예외를 제외하고 자아와 개인적 상황 안에서만 자기 작품의 진실의 감각을 추구하고 있으며,

---

[7] 饗庭孝男, 「'ハイマートロス世代'の文学」, 『東京新聞』, 1970年 5月 20-21日.
[8] 川村二郎, 「内部の季節の豊穣」, 『文藝』, 1970年 12月, 206-208頁.

탈이데올로기의 내향적인 문학적 세대로서 하나의 현대적 시류를 형성하고 있다(쇼와 45년 말 『군조群像』의 한해를 개괄하는 좌담회에서 마쓰바라 신이치松原新一가 '앙가주망 문학이 사라지고 있다'고 지적한 것도 이와 관련된다. (중략) 이른바 전후의 여섯 번째 신인군에 해당하는 이 새로운 문학적 세대가 바로 '내향의 세대'로서 등장하고 있는 상황이다. 이는 그 자체로 현대문학의 큰 문제이며 오늘날 문학적 쟁점의 주요한 사항이 아닐 수 없다).9)

오다기리는 '탈이데올로기' 문학, '앙가주망'을 하지 않는 문학의 등장을 그저 문학만의 문제로 보지 않았다. 그가 보기에 1970년 전후 일본사회는 '전향과 탈이데올로기가 일반화'되어 가고 가파른 경제성장 하에서 제국주의와 전쟁과 패전의 체험을 망각한 채 사치와 평화를 당연한 것으로 여기는 분위기에

---

9) 小田切秀雄,「戦時下の作家たち」(1971),『小田切秀雄全集』(5), 勉誠出版, 2000, 215頁.

젖어 있었다. 따라서 '내향의 세대'가 상징하는 문학적 동향이란 그런 시대가 낳은 불안이나 위기와 관련된 것으로 보았다.

일본문학사가 기억하는 오다기리 히데오의 상징적인 모습은 전전의 문학자들의 전쟁 협력을 철저히 규탄하고 반성을 촉구하는 자세다.[10] 문학자로서의 전쟁책임에 대한 자기비판을 파토스 삼아 전후의 '정치와 문학' 논쟁을 주도하고 문학의 현실 참여·사회 참여를 주창했던 오다기리에게 '탈이데올로기 문학', '앙가주망'하지 않는 문학의 만연은 위기로 비쳤을 것이다. 이러한 오다기리의 태도는 비판하는 '나'와 비판대상이 되는 '나'를 구분한 후 자기비판을 통해 통합된 '나', 발전된 '나'를 (재)정립시키려 한다. 그리고 이런 사고의 프로세스를 통해 '나'와 타자를 포괄하는 현실과 사회 즉 '우리'의 문제를 생각해야 한다고 생각했다.

오다기리의 이런 비판을 정면으로 반박한 것이

---

10) 예컨대 그는 「文学と戦争責任」(1946)과 같은 평론을 패전 직후 발표했다.

내향, 내성, 소행

바로 젊은 가라타니 고진이었다. 가라타니의 반론은 다음과 같다.

> 내가 생각하기에 '내면으로의 길'은 말하자면 '외계로의 길'이다. 데카르트 이래의 '방법적 회의'는 '내면으로의 길'임과 동시에 '외계로의 길'이라 할 수 있다. 그들은 소박한 유물론(=관념론)으로는 다 알 수 없는 지적 엄밀성을 바탕으로 '외계로의 길'을 모색해 온 것이다. 실생활에서 그들은 매우 리얼리스틱했을 것이다. 그들의 '내향성'은 결코 '자폐성'을 의미하지 않는다.[11]

이에 대한 오다기리의 반론은 즉각적으로 이루어졌다.

> 가라타니 고진의 경우는 '내면의 길'이야말로 실로 '외계로의 길'이라는, 그야말로 코에 걸면

---

11) 柄谷行人,「内面への道と外界への道」(1971),『畏怖する人間』, 講談社, 1990, 325頁.

코걸이 식의 논의로 '내향의 세대'를 옹호한다. (중략) 사회 및 외계와 가능한 한 거리를 두는 식으로 내면화를 추구하는 오늘날의 동향을 데카르트 등에 기대어 합리화하려는 시도는 그만 두는 게 좋다. 내면으로의 길과 외계로의 길이 쉽게 이어질 수 있다고 보는 안일한 낙관주의도 시대에 뒤떨어진 발상이다. '내향의 세대'를 이론화하려 드는 이런 논의는 이 세대 작가와 비평가 개개인이 내면에 지니고 있는 혼돈이 결실을 맺을 수 있도록 도와주기는커녕 역으로 그들의 노력을 기성문학의 새로운 내향적 축소판으로 전락시킬 뿐이다.[12]

이에 대해 가라타니는 직접적으로 반론을 내지는 않았다. 후루이가 본 구조에 빗대어 말하자면, 오다기리와 가라타니의 논쟁에는 서로 입장을 바꿔 생각하는 상상력이 개입될 여지는 없다. 오다기리는 운행자

---

12) 小田切秀雄, 「現代文学の争点」(1971), 『小田切秀雄全集』(5), 勉誠出版, 2000, 185-186頁.

내향, 내성, 소행

혹은 보행자이다. 상대가 보내는 적의에 찬 눈빛을 문제시하고 있다. 그러나 가라타니는 운행자와 보행자가 순간적인 적의의 눈빛을 주고받는 상황 그 자체를 문제삼고 있었다. 그러한 상황의 반복을 극복할 계기를 찾고 있었다.

오다기리가 선도했던 전후의 '정치와 문학' 프레임과 관련해서 가라타니는 훗날 다음과 같이 말한다.

> 전후의 '정치와 문학' 논쟁이 내린 결론이란 문학이란 결국 부정성으로서 존재한다, 가 아닌가 싶습니다. '주제의 적극성' 즉 문학이 가질 수 있는 적극적인 요소를 부정하고, 부르주아적이든 아니든 병적·도착적이든 아니든 내용이 있든 없든 상관없이 일단 문학으로서 존재한다는 사실 자체가 권력에 대한 대항이고 미래의 가능성을 역설적으로 제시하고 있다는 식의 어법이었지요. (중략) 적극적인 요소는 아무것도 없으면서 저항으로서 존재한다. 그런 식으로 뭔가 대단한 일이라도 한 것 같은 기분을 느낀다고나 할까.

이런 사람들은 자신이 회의적이고 머리가 좋다고
생각할지도 모르겠지만 실은 그 반대입니다. 타
성적인 습관에 불과하지요.[13]

  예를 들어 공해를 없애는 가장 쉽고도 근본적인
방법은 공해가 발생하는 상황을 없애는 것이다. 공장
을 없애고 도시를 해체하고 무역을 중단하면 된다.
그러나 이는 현실적으로 불가능한 이야기다. 패전의
아픔과 점령의 굴욕감을 잊게 해준 달콤한 경세성장
을 당장 멈추고, 공해의 원인이자 전시에 미군 공습의
목표였던 도시와 공장을 다 해체시키는 일이 과연
가능할까. 문학으로 공장을 없애고 도시를 해체하고
무역을 중단시킬 수 있을까. 그럼에도 불구하고 문학
은 공해를 비판하지 않으면 안 된다. 공해를 낳은
경제성장을 비판하지 않으면 안 된다. 그러한 비판이
곧 문학의 존재가치, '부정성'으로서 존재하는 가치가
되기 때문이다. 이러한 문학의 가치를 믿어 의심치

---

13) (인터뷰)「'芸術'の外で、なお」(2001),『柄谷行人 インタ
ヴューズ 1977-2001』, 講談社, 2014, 203-204頁.

내향, 내성, 소행

않는 논리 안에서 공해를 만드는 것은 권력이고 피해를 보는 것은 권력의 지배를 받는 우리들이다, 그러므로 우리가 권력에 저항해야 한다, 그 수단은 바로 문학이다, 라는 식의 문법이 깔려 있다. 하지만 가라타니가 보기에 이런 것은 '타성적인 습관'에 불과했다.

3 '리얼리스틱'한 추상성

앞서 거론한 두 좌담회에 참석한 작가들은 1970년을 전후해서 대부분 전업작가가 되었다. 그 이전까지 아베 아키라는 도쿄라디오 TBS, 구로이 센지는 후지중공업 SUBARU, 고토 메이세이는 헤이본출판 MAGAZINE HOUSE, 사카가미 히로시는 리켄광학공업 RICOH[14])에 다니는 직장인이었으며, 후루이 요시키치는 릿쿄立教대학에서 독일어와 독일문학을 가르치는 전임강사였다.

'내향의 세대'가 신인으로 분류되었을 때 이들은

---

14) 사카가미의 경우, 전업작가의 길을 걷지 않았다.

가라타니 고진과 후루이 요시키치

이미 삼십대 초반에서 후반이었다. 비슷한 세대인 오에 겐자부로와 이시하라 신타로가 20대 초반에 학생작가로 1950년대 중후반에 데뷔할 때 '내향의 세대'는 취업걱정을 하는 학생이나 사회초년생이었다. 그런데 전후를 사는 대다수 일본인은 오에나 이시하라처럼 소설가로 사회에 진출하는 삶이 아니었다. '내향의 세대'는 말 그대로 '리얼리스틱'하게 전후를 살아왔던 것이다.

'내향의 세대' 문학은 정도의 차이는 있지만 전후의 경제성장에 직간접적으로 참여했던 '나'의 '리얼리스틱'한 생에 대한 고찰이 담겨있다. 오다기리는 '나'의 삶이 가진 '리얼리스틱'함에만 몰두해서는 타자와 관계를 맺을 수 없게 된다는 의미로 '내향'이라고 말했는데, 가라타니는 이런 그의 의중을 정확히 파악하고 있었다.

> 예컨대 후루이 요시키치 등 내향의 세대는 일반적인 의미의 정치적 인간, 즉 '내향의 세대'를 명명한 오다기리 히데오 같은 사람이 보기에 문

제가 많았을 겁니다. 시대폐색적이고 내향적이고 상황에 관여하지 않고 그저 도망치기만 한다는 부정적인 의미로 그렇게 불렀죠. 그래서 저는 그렇지 않다, 엉터리 좌익보다 더 래디컬한 부분이 있다고 말했습니다. (중략) 고토 메이세이도 후루이 요시키치도 오다기리가 말하는 의미의 내향성과는 다른 무언가를 가지고 있었다는 사실은 분명합니다.[15)]

그렇다면 여기서 가라타니가 말하는 후루이의 다른 무언가는 무엇일까.

후루이 요시키치는 헤르만 브로흐를 번역하기도 했는데, 그의 초기 작품은 대체로 파시즘 체험을 그리고 있습니다. 「선도수先導獣의 이야기」나 「원진을 짜는 여자들円陣を組む女たち」. 여기에는 대학분쟁 상황과 어린 시절의 전쟁 상황이 겹쳐 있습니다. 또는 두 상황을 포개는 방법을

---

15) 「'芸術'の外で、なお」(2001), 위의 책, 207頁, 강조는 저자.

창출했다고 해도 좋습니다. 후루이는 '전후파'와
마찬가지로 '전전'을 사고한 셈입니다.[16]

  여기서 대학분쟁 상황이란 물론 1960년대 후반에 정점을 이루는 학생운동이다. 대학교 교원이었던 후루이에게 '대학분쟁 상황'은 '리얼리스틱'한 현실이었다. 대학이라는 공간의 기능정지는 대학에 들어온 이래 줄곧 그곳에서 사고해 온 그의 인생이 시험받고 있음을 의미했다.

  후루이는 1945년 5월 도쿄 야마노테山手지역에서 공습을 겪었는데, 어린 시절 가장 '리얼리스틱'한 물질인 집이 불타 사라지는 모습을 직접 보았다. 이후 그는 어머니 등과 함께 부모님의 고향인 기후岐阜현으로 소개疎開[17]했다. 그러나 7월 말에 아버지의 고향인 기후현 오가키大垣시에서 공습을 다시 겪은 후루이

---

16) (인터뷰)「文学・戰後五十年 いかに対処するか」(1999), 『柄谷行人 インタヴューズ 1977-2001』, 講談社, 2014, 126頁.
17) 도시공습을 피해 인구 및 시설을 시골로 피난시키는 것을 말한다.

내향, 내성, 소행

가족은 어머니의 고향이자 보다 내륙지역인 기후현 무기군武儀郡 미노초美濃町로 소개한 뒤 그곳에서 패전을 맞이한다. 후루이가 자신의 고향인 도쿄로 다시 돌아가는 것은 1945년 10월이다. 그는 폐허가 된 도쿄를 떠났다가 폐허가 된 도쿄로 돌아온 셈이다.

이러한 체험을 겪은 후루이의 문학에서 '내향의 세대' 비평가 가라타니는 다음과 같은 비평성을 발견한다.

> 말하자면 「원진을 짜는 여자들」의 경우 정치적인 것이 '여자들'의 열광을 통해 논리적인 도취로 과도하게 경도되는 상황을, 「불면의 축제不眠の祭り」는 처음부터 끝까지 축제의 도취로 있어야 할 것이 정치적인 것으로 조작되어 변용되어 가는 상황을 포착한다. 이와 같은 미묘한 어긋남과 변질이 발생하는 이유는 우리가 이미 공동체적 규범으로부터 유리되어 있기 때문이다. 바꿔 말하면 근저에서 자기자신의 통각統覺을 상실한 상태이기 때문이다. 후루이 씨는 '나'라는 화자를

항상 반半환각적인 기분에 둠으로써 미묘하게 동요하는 개체의 심상을 그 내부에서 파악할 수 있었다. 나는 '정치'를 이런 식으로 파악한 문학 작품의 예를 (일본에서는) 모른다.[18]

「선도수의 이야기」(1968), 「원진을 짜는 여자들」(1969) 등의 작품에는 다음과 같은 공통점이 있다. 화자 '나'는 관찰자로 '나'의 관찰은 '나'의 바깥에 대한 관찰에 그치지 않고 '나'의 바깥을 관찰하는 '나'에 대한 관찰에까지 미치고 있다. 가라타니가 '통각을 상실한 상태', '반환각적인 기분'이라고 말하는 것이 바로 이 부분이다.

오다기리는 비판하는 '나'와 비판받는 '나'의 공방이 결론적으로 '나'의 통합과 발전에 이르게 되고, 그렇게 (재)정립된 '나'는 '나'와 타자를 포괄하는 현실과 사회 즉 '우리'를 발견하게 된다고 보았다. 이에 반해 후루이의 '나'는 통합과 발전에 이르지 못한다, 아니 거부한다고 말할 수 있다. 대신에 통합과

---

18) 柄谷行人, 「閉ざされた熱狂」, 앞의 책, 190頁.

내향, 내성, 소행

발전을 통해 (재)정립된 '나'가 다시는 보지 못하고 느끼지 못하게 될 무언가를 집요하게 추적한다. '나'와 타자의 '우리'가 성립하는 순간, '나'는 '우리'를 '나'가 아닌 다른 무언가로 보는 눈을 상실하게 되기 때문이다.

후루이의 '나'는 '우리'의 내부에 있으면서 동시에 외부에 있다. 여기서 '우리'를 다수가 모여 공동의 신념으로 공동의 행위를 하는 군중으로 치환할 경우, 한 개인이 군중 외부에서 군중을 바라볼 때 군중 내부는 관찰할 수 없다. 일정 수의 사람들이 알 수 없는 이유로 함께 움직이는 풍경을 바라보며 위화감을 느끼고 거리를 두거나 동질감을 느끼며 거리를 좁힐 뿐이다. 군중의 모습을 외부에서 비판하기란 그리 어려운 일이 아니다. 하지만 군중 안에는 군중의 논리와 윤리가 있을 것이다. 후루이는 이를 놓치지 않으려고 한다. 한 개인이 군중에 속할 경우 군중 외부에서 군중을 바라보는 시점을 잃어버리게 된다. 개인이 군중에 속하게 된 순간, 군중을 성립시키는 신념과 열기가 한 개인의 존재를 집어 삼킬 것이고 군중 속의 개인은 군중의 신념과 열기가 자신에게 전염되었다는 사실을 망각하게 된다. 그렇게 개인은 소멸되고, 그와 함께 관찰자의 눈도 소멸된다.

후루이가 설정하는 관찰자인 '나'라는 시점의 추상성이 '나'가 '나'이면서도 '나'가 아닌 상태와 연결되는 것과 마찬가지로, '나'는 언제든지 '우리'가 될 수 있는 군중 바깥에 있으면서 동시에 군중 안에 있다. 바꿔 말해 군중의 일원으로서 몰개성적인 존재임과 동시에 군중의 타자로서 개성을 유지하고 있다. 후루이는 이러한 추상적이고 관념적인 시점의 설정을 바탕으로 '나'를 그리고 군중을 그리고 있는 셈이다.

「선도수의 이야기」의 중심에는 평일 아침 대도시의 혼잡한 지하철역에서 마치 하나처럼 통일된 움직임을 보이는 일사불란한 이동이 있다. "그야말로 '정연하다'는 말이 어울린다. 세상에 이보다 더 정연한 인간들의 움직임이 있을까." '나'는 무리 전체의 움직임을 이끌며 포획자의 공격을 피해 무리 전체를 안전한 방향으로 인도하면서도 무리의 질서정연함을 절대 깨뜨리지 않는, 동시에 자신의 존재가 무리 전체와

내향, 내성, 소행

동화되어 있는 '선도수先導獸[19]'라는 이미지에 사로잡혀 있다. '나' 자신도 지하철을 타고 직장에 출근하기 위해 질서 정연히 움직이는 도시의 군중 안에 존재한다. 그런 '나'는 군중 안에서 군중과 하나가 되어 군중 전체를 이끄는 '선도수'를 상상하고 '선도수'의 지휘를 받으며 일사불란하게 이동하는 동물들을 상상한다.

'나'는 갑자기 '선도수'를 증오하기 시작한다.

선도수란 무엇인가, 나는 정확하게 떠올릴 수 없었다. 그러나 무엇이 선도수가 아닌지는 확실히 알고 있었다. 선도수는 강렬한 개성이 아니다. 강렬한 개성은 주변사람들에게 위화감과 굴욕감을 줌으로써 그들을 먼 지점까지 쉽게 이끌고 갈 수 있다. 실제로 그런 일도 있었다. 하지만 이토록 매끄럽게 흘러가는 대도시의 군중을 상대로 아무리 강렬한 개성을 유지한다 해도 영향을

---

[19] '선도자先導者'를 떠올리게 하는 말로, 앞장서서 인도하는 짐승이라는 의미.

끼칠 순 없다. 아니 애초에 저 흐름 속에 강렬한 개성이 존재할 수 있기나 할까? (중략) 너무 합리적인 것이 때로는 갑자기 비합리적인 것으로 바뀐다고 하지만 실상은 그렇게 드라마틱하지 않을 것이다. 너무 합리적인 것은, 어느 순간 그대로 비합리적인 것이다.[20]

「선도수의 이야기」속 '나'는 '강렬한 개성' 없이 군중 전체를 일사불란하게 지휘하는 '선도수'라는 존재의 가능성을 상상한다. 그리고 그런 '선도수'를 증오한다. 후루이는 전전戰前 천황제의 메커니즘을 적발하거나 역사·사회적으로 분석하는 방식으로 '파시즘'을 그리지 않는다. 운행자와 보행자의 입장은 계기만 주어지면 바뀔 수도 있기 때문이다.

그런데 '나'는 '선도수'가 리드하는 군중의 질서정연한 움직임이 와해되는 상황을 상상한다. 그때 비로소 '나'가 군중에서 완전히 이탈할 수 있는 가능성이 발생하기 때문이다.

---

20) 古井由吉, 「先導獣の話」, 앞의 책, 55-56頁.

내향, 내성, 소행

    일단 혼란이 발생하면 합리적인 질서는 일거에 붕괴된다. 아니 쇄도의 질서가 무너질 뿐이라면 우리는 군중적인 존재에서 한 사람 한 사람의 인간으로 자각적으로 복귀할 수도 있기에 아직 구원의 여지가 있다. 그러나 너무나 무섭게도 우리는 생생한 절규를 들으면서도 그 소리를 그대로 흘려보낸다. 그렇게 쇄도의 질서를 싸늘하게 지킨 채 시끄러운 발소리를 내며 앞으로 달려갈지도 모른다.[21]

    질서정연한 군중의 질서는 '무섭'다. 군중의 질서를 흐트러트리는 '절규'를 들으면서도 군중은 그대로 '질서를 싸늘하게 지킨 채' 이동을 멈추지 않는다. 이러한 군중의 이미지는 빗발치는 소이탄과 폭탄의 공습으로 삶과 죽음의 경계를 넘나드는 공포 속에서 질서를 유지하며 행동하는 군중의 이미지와 이어져 있다. 공습은 군중의 질서가 무너지는 계기로 작용할

---

21) 古井由吉, 「先導獣の話」, 앞의 책, 55頁.

수도 있다. 그러나 군중은 완전히 와해되지 않는다. 오히려 군중이 와해될 수 있는 계기 한가운데에서 '나'를 중심으로 새로이 모여드는 사람들의 '원진円陣'을 본다.

4 공습체험

「원진을 짜는 여자들」은 '나'가 보고 체험한 '원진' 이미지를 자유연상하는 형식으로 진행되는 소설이다. 이 소설은 3월 어느 오후 공원에서 몸을 움직이며 원진을 짜는 소녀들에 대한 관찰에서 시작한다.

그러나 원진은 완전히 무너질 것 같으면서도 낮게 버틴다. 잠시 숨을 고르나 싶더니 갑자기 위태해 보이는 엉거주춤한 자세에서 가녀린 팔과 팔을 일제히 머리 위로 뻗어 손과 손을 굳게 쥔 채 서로를 밀고 당기고 서로 몸을 뻗으려 경쟁하고 서로 다시 몸을 낮추려는 동시에 서로를 방해하고, 오른쪽 그리고 왼쪽으로 천천히 흔들리듯 흔들리지 않게 몸을 세우면서 봄 하늘을 향해 뻗기 시작했다.[22]

 '원진'이 주어인 위 인용문은 '원진'을 형성하는 소녀 한 사람 한 사람의 개성을 소거하는 대신에 '원진' 전체의 움직임을 포착하고 있다. 동시에 '원진'의 움직임을 구성하는 소녀 한 사람 한 사람의 움직임이 어떠한지를 떠올릴 수 있게 해 준다. 원진이라는 전체와 소녀라는 부분의 경계는 삭제되었다고 봐도 좋다. 동시에 전체와 부분의 유기적인 구조와 관계가 유동적인 이미지로서 조형되어 있다.[23]

---

22) 古井由吉,「円陣を組む女たち」(1969),『円陣を組む女たち』, 中央公論社, 1970, 72頁.
23) 마에다 아이前田愛는 「원진을 짜는 소녀들」의 이러한 문체적 특성을 분석하며 다음과 같이 지적했다. "파시즘의 심리를 알레고리적으로 묘사한 헤르만 브로흐의 『유혹자들』의 번역자이기도 한 후루이 요시키치는 코뮌이나 혁명의 들끓는 열광을 형성시키는 기반이 동시에 파시즘의 대중조작의 대상으로 반전되는 아이러니를 알고 있었다."「一九七〇年の文学

가라타니 고진과 후루이 요시키치

「원진을 짜는 여자들」에서 불현듯 떠올랐다 사라지기를 반복하는 '원진'의 이미지가 착지하는 지점은 '나'의 8살 때 기억이다. 성인 남자들이 전장으로 떠나고 없는 1945년의 '나'의 주위에는 '여자들'과 아이들뿐이었다. 폭탄이 떨어지는 소리와 가옥이 불타는 소리를 구분조차 할 수 없는 아비규환 속에서 '나'의 귀에 여자의 절규가 들려온다. 아이인 '나'는 엄마와 누나에게 양손을 꽉 잡힌 채 살기 위해 도망친다. 공원에 도착해보니 그곳에도 '여자들'과 아이들밖에 없다. 그때 굉음과 함께 낮게 깔린 공기가 진동하기 시작한다.

> 그때 엄마가 가슴으로 위에서 나를 강하게 눌렀다. 하늘은 유리판처럼 가늘게 떨더니 금이 가 부서지듯 떨어졌다. 힘이 들어간 엄마 손은 내 얼굴을 무릎 사이로 강하게 밀어 넣었다. 숨이 막혀 죽을 것 같았던 나는 엄마의 손을 뿌리치고

状況―古井由吉「円陣を組む女たち」をめぐって」(1986), 『増補 文学テクスト入門』, 岩波書店, 1993, 229頁.

내향, 내성, 소행

얼굴을 들어 하늘을 보려 했다. 따뜻하게 진동하는 암흑이, 비린 신음이 나를 감쌌다. 그리고 그때 나는 귀신탈처럼 이마에 주름을 세운, 본 적도 없는 여자들의 얼굴과 얼굴이 내 얼굴 바로 위에 둥글게 모여 있는 것을 봤다. 하늘 넓게 퍼졌다가 떨어지는 눈사태가 지금 한 덩어리가 되어 쿠왕 하는 소리와 함께 내가 있는 쪽을 덮치려 한다. 나를 감싼 여자들의 몸이 꽉 조여왔다. 그때 피 같은 외침이 들렸다.

"직격탄을 맞으면 이 아이를 안에 넣고 다 같이 죽읍시다."

그러자 "다 같이……, 죽읍시다"라고 대답하는 목소리가 오열로 변해 갔다. 원진 전체가 나를 중심으로 유유히 흔들리기 시작했다.[24]

바로 옆에서 사람들이 불에 타서 죽어가는 상황, 주변 풍경이 전부 화염에 휩싸여버린 공습에 처한 '나'의 눈에 '엄마'와 '누나'의 개성은 소멸되어 있다.

---

24) 古井由吉,「円陣を組む女たち」, 앞의 책, 107-108頁.

'본 적도 없는 여자들의 얼굴과 얼굴'은 앞서 공원에서 '원진'을 짜는 소녀들에 대한 묘사와 대응한다. '여자들'이 군중의 이미지로 탈바꿈하는 순간이다. "이 아이를 안에 넣고 다 같이 죽읍시다"라는 '여자들'의 대사가 코러스처럼 '나'를 중심으로 울려 퍼지고 '여자들'은 '나'를 죽음으로부터 지키려고 한다. 전쟁시기의 아이들, 특히 남자아이는 소국민少国民[25]으로서 언제 끝날지 모르는 전쟁을 지속적으로 수행하는 데 반드시 보호해야 하는 인적 자원이었다.

후루이는 한 대담에서 자신의 문학적 모티브를 다음과 같이 말한 바 있다.

> 그러므로 전쟁을 오직 신체적 감각을 통해서 수용한 세대가 아닐까 생각합니다. 그런데 주변의 어른들이 열광하고 흥분하면 아이라는 존재는 공포에 벌벌 떨게 되는데 그와 같은 두려움이 요즘 유행하는 말을 빌리면 원체험 비슷한 것이

---

[25] 소국민은 전시에 '국민학교' 학생을 가리키던 말로, 전쟁 수행을 위한 예비군과 같았다.

되어서 정치에 대한 태도나 문학에 대한 태도, 그리고 표현양식 같은 것이 이런 두려움을 중심으로 성립하고 있는 게 아닌가 싶습니다.[26]

가라타니는 후루이의 이런 문학적 '원체험'을 오에 겐자부로와 비교하며 다음과 같이 설명한다.

후루이 씨의 작품에서는 전쟁체험의 트라우마를 쉽게 발견할 수 있다. 그러나 예를 들어 오에 겐자부로와 같은 선행 세대와 결정적으로 다른 점은 후루이 씨의 경우 어떤 의미에서든 전쟁을 윤리적으로 체험하지 않았으며 오히려 윤리성을 가능하게 만드는 안정적인 자기의식 자체가 송두리째 파괴되었다는 점이다. 전후 초기의 문학을 지배했던 것이 바로 이러한 불안정감인데, 작가들은 그것을 실존주의라고 부르는 관념으로 대치시킴으로써 안정적인 일상으로 수렴되어 갔다.

---

26) 古井由吉・大岡昇平, 「「熱狂」作品の底にあるもの―発想から構成へのプロセス」, 『文学界』, 1970年 12月, 196頁.

오에 씨도 '아이들의 길'을 소설로 썼지만[27], 그것은 어른들을 심판하는 명확한 모럴의 제출이다. 따라서 오에 씨는 말하자면 '실존주의'이고 그렇기에 제1차 전후파가 그랬듯 아무런 어려움 없이 관념을 받아들일 수 있었다면, 후루이 씨는 그저 '실존'이다. 개체가 개체의 아이덴티티를 상실하고 '광기'나 '무리'로 변하는 패닉 상태의 경계, 혹은 꿈을 꾸는 상태와 꿈에서 깨어난 상태의 경계에서 소리 없이 벌벌 떠는 자세를 취하고 있을 뿐이다. 그런데 이는 얼마나 많은 긴장이 필요한 자세인가?[28]

가라타니는 이 소설이, 단순히 '여자들'이 무리를 이루는 풍경, 군중화되는 풍경에 대한 불쾌한 이미지를 열거한 것이 아니라 '진지함'을 가지고 집단화되는 인간 존재에 대한 날카로운 '정치학'적 고찰을 포함하

---

27) 『짓밟히는 싹들芽むしり仔擊ち』을 말한다.
28) 柄谷行人, 「古井由吉『男たちの円居』」(1970), 『畏怖する人間』, 講談社, 1990, 360-361頁.

고 있다고 지적한다.[29] 후루이의 이러한 문학적 고찰의 배경에는 공습과 소개로 대표되는 유년 시절의 전쟁체험이 있다. 앞서 인용한 「선도수의 이야기」의 운행자와 보행자 장면 마지막에 등장하는 '광기어린 눈빛으로 인파를 헤쳐 나가는 아이'는 공습을 피해 피난하는 군중과 함께 이동하면서 이런 질서정연한 이동에 불안과 공포를 느끼고 있는 아이이다.

5 전쟁과 '소년의 눈'

매일 아침 출근을 위해 '합리적'이면서도 '진지'하게 이동하는 군중은 전후 고도경제성장을 가능하게 만들었다. 그런데 후루이는 이 군중에서 '비합리적'인 것을 함께 보았다.

아에바 다카오는 '내향의 세대'가 지닌 세대적 체험의 공통성을 지적하면서 그들은 전쟁이라는 비인간적인 참화를 '소년의 눈'으로 직접 봤기 때문에 모든

---

29) 柄谷行人, 「閉ざされた熱狂」, 앞의 책, 186頁.

가치를 상대화할 수 있는 '반역사주의적' 사고를 가질 수 있다고 했다.[30] 죽음의 위기에서 모든 가치를 상대화하는 '소년의 눈' 앞에 엄마와 누나라는 존재는 더 이상 없었다. 모두 '본 적도 없는 여자들의 얼굴' 중 하나일 뿐이었다. 이런 '소년의 눈'은 가라타니가 말하는 '실존'의 눈이라 말할 수 있다. '실존주의'와 같은 '이데올로기', 다시 말해 '의미'[31]라는 색안경을 끼지 않은 눈이다. 후루이 소설의 '소년의 눈'은 '의미'를 관찰함과 동시에 상대화시킨다. 오다기리는 세상 물정을 모르는 이런 '소년의 눈'에 위화감을 느낀 것은 아닐까. 그가 보기에 후루이의 소설 속 공습체험은 '의미'로서의 전쟁체험이 아니었기 때문이다.

그런데 후루이 요시키치가 소설을 통해 내향의 실험을 전개했다면, 가라타니 고진도 다른 방식으로 비슷한 실험을 한 바 있다.

---

30) 饗庭孝男, 「'ハイマートロス世代'の文学」, 『東京新聞』, 1970年 5月 20-21日.
31) 가라타니 고진의 두 번째 평론집이 『의미라는 병意味という病』(河出書房新社, 1975)이다.

내향, 내성, 소행

 최근 십년간 나는 무엇을 지향해 왔는가. 한마디로 말하면 그것은 '외부'이다. (중략)「내성과 소행」에서 비로소 언어를 정면에서 사고하기 시작했을 때 나는 '내부'에 갇혔다. 아니 인간이 무엇을 사고하든 이미 '내부'에 갇혀 있다는 사실을 발견했다. 일의적으로 닫혀 있는 구조 즉 '내부'에서 니체가 말하는 거대한 다양성으로서의 '외부', 사실성으로서의 '외부', 바꿔 말하면 부재로서의 '외부'로 나가려 했지만 이는 쉬운 일이 아니었다. 이는 내부 즉 형식체계를 더욱 철저히 함으로써 내파하는 길밖에 없다고 나는 생각했다.

 나는 적극적으로 나 자신을 '내부'에 가두려 했다고 말해도 좋다. 이 과정에서 나는 스스로에게 두 가지를 금지시켰다. 첫째는 외부를 포지티브하고 실체적으로 존재하는 무언가로 전제하는 일. 왜냐하면 그와 같은 외부는 이미 내부에 속한 것이 되기 때문이다. 이는 주관성을 극복한 그 어떤 객관성도 그것이 제시되는 순간 이미 주관성 안에 있게 된다는 사실과 동일하다. 둘째는 시詩적으로 말하는 일. 왜냐하면 이는 최후의 수단이기 때문이다. 그리고 실제로 가장 취하기 쉬운 수단이기 때문이다. 나는 가능한 한 엄밀하게 말하려고 했다. 모든 도주로를 봉쇄하기 위해.[32]

아사다 아키라는 이러한 가라타니의 사고실험에 대해 언어의 내부에서 언어로 사고하여 언어의 외부로 나가기 위한 투쟁의 패전 기록이라고 했다.[33] 앞서 소개했듯 가라타니는 후루이의 문학적 시도를 '내면으로의 길'을 통해서 '외부로의 길'을 모색하기 위한 '방법적 회의'라고 생각했다. 그렇다면 후루이의 소설을 '나의 내부에서 나에 대해 사고해서 나의 외부로 나가기 위한 투쟁의 기록'이라 부를 수 있지 않을까.

그렇다면 후루이의 문학적 투쟁은 패배하였는가?

---

32) 柄谷行人, 『内省と遡行』, 講談社, 1988, 314-315頁.
33) 浅田彰, 「戦争の記録」, 『内省と遡行』, 講談社, 1988, 322-326頁.

내향, 내성, 소행

가라타니는 앞서 인용한 인터뷰에서 후루이가 전전 즉 전쟁에 패하기 이전을 사고했다고 말했다. 1937년에 태어난 소년 후루이가 경험한 전쟁기의 일상은 전쟁터에 나가는 늠름한 남자어른이 되기 위한 소국민 교육이었다. 총력전체제하의 일상에서 어른들에게 요구되었던 것은 전선에서 질서정연하게 전투를 수행하는 '진지함', 총후銃後에서 공습피해를 줄이기 위해 질서정연하게 양동이로 물을 나르고 부상자를 운송하는 '진지함'이었다. 하지만 전쟁은 패배했다. '진지함'이 패배한 것이다. 이러한 일상을 직접 보면서 자란 아이가 어른이 되고 보니, 출근길에 수많은 사람이 질서정연하게 같은 속도로 같은 곳을 향해 '진지'하게 걸어가는 일상이 펼쳐진 것이다. 전쟁과 패배로 순식간에 돌변하는 외부세계를 피부로 느끼며 자란 아이 후루이가 어른이 되어도 세상은 여전히 질서정연하고 '진지'하게 움직이는 군중의 움직임으로 가득했다. 외부세계는 완전히 변하면서도 전혀 변하지 않았던 것이다.

그렇다면 '나'가 의심해야 할 것은 외부세계인가

'나' 자신인가? 후루이는 '나'를 의심했다. '나'라는 존재의 '리얼리스틱'한 기반을 직접 확인하기 위해 '나'는 '나'의 과거를 관찰한다. 그 과거에는 전쟁이라는 일상이 있었고 "이 아이를 안에 넣고 다 같이 죽읍시다"라고 외치며 '나'를 놓아주지 않고 모여드는 어른들의 군중이 있었다.

이렇게 발견된 외부세계로서의 어른들을, 이미 어른들이 확립시킨 시점이 아닌 다른 시점으로 보기 위해 후루이는 '소년의 눈'을 고집했다. 후루이의 내향=소행retrospection의 비평성은 어른으로 성장했지만 어른의 언어에 기대어 어린 시절의 경험을 이야기하는 것이 아니라, '실존'으로서의 아이가 느낀 두려움과 공포를 있는 그대로 문학화하려는 시도에 있었다. 후루이는 그러한 시점을 위해 투명한 내면성을 성립시키는 '3인칭 객관'을 포기하고 '나'를 관찰하는 '나'라는 구도를 도입했다. 이러한 내향=내성 introspection은 애초에 객관적이고 합리적일 수가 없다.[34] 관찰자 '나'와 관찰대상 '나'를 명확하게 구분

---

34) 'Introspection and Retrospection'은 『내성과 소행』의

내향, 내성, 소행

할 수 있는 기준을 '나'가 객관적이고 합리적인 것으로, 즉 직접 언어화할 수 있는 것으로 인식하기란 불가능하기 때문이다. 관찰하는 '나'와 관찰대상인 '나'가 명확하게 분리되어 있다고 믿는 순간 그것은 광기가 될지도 모른다.

가라타니도 자신의 어린 시절에 대해 다음과 같이 고백하고 있다.

> 나는 그것이 전쟁임을 몰랐다. 나중에 떠올려보니 전쟁임을 알게 되었을 뿐이다. 그렇지만 나는 전쟁을 체험했다는 느낌을 가지고 있다.
>
> 후루이의 경우 나보다 조금 연장자였으므로 조금 다르겠지만 근본적으로는 같은 느낌을 가지고 있다고 생각한다. 실제로 그는 그때 가졌던 세계에 대한 감수성을 그대로 간직하고 있는 것처럼 보인다. 예전에 그의 소설을 처음으로 읽었을 때 느낀 점이 바로 이것이었다. 예컨대 그의 소설에는 인간과 자연(생물)의 구별이 없다. 이는 유아

영어판 제목이다.

적이다. 혹은 미개하다. 그러나 여기에는 통상적
인 세계인식과는 다른 무언가가 있다.[35]

가라타니는 후루이의 문학에서 자신에게도 존재하는 '의미'화 되지 않은 어린 시절의 '감수성'을 발견했다. 따라서 '유아적'이고 '미개'한 '소년의 눈'을 옹호하면서 어른들의 언어로 '내향의 세대'에 속하는 아이들을 '의미'화하는 것을 거부했다. '소년의 눈'을 가진 그가 보기에 '의미'란 그저 병으로 보였을 것이다.

---

35) 柄谷行人,「コロナウィルスと古井由吉」, 앞의 책, 146頁.

이소노미아의 조건

NAM적인 것의 발현 속에서

윤인로

이소노미아의 조건

§1. 가라타니 고진이 필두로 참여한 『NAM[New Associationist Movement]』(2000)이라는 공저, 곧 새로운 어소시에이션 운동의 원리가 『NAM[New Associationist Manifesto]』(2021)이라는 이름으로, 차이화된 고유명으로 달리 반복되면서 서로에게 틈입되고 있을 때, 그 두 저작의 공통분모로부터 앞질러 인용하게 되는 한 대목이 있다. NAM을 정초하는 다섯 개의 프로그램 가운데 세 번째가 그것이다: "(3) NAM은 '비폭력적'이다. 이는 이른바 폭력혁명을 부정할 뿐만 아니라 의회를 통한 국가권력의 획득 및 행사를 지향하지 않는다는 뜻이다. 왜냐하면 NAM이 향하고 있는 것은 국가권력으로는 폐기할 수 없을 자본제 화폐경제의 폐기이며 국가 그 자체의 폐기이기 때문이다."[1] 이 세 번째

---

1) 柄谷行人,「NAMの原理」,『NAM: 原理』, 太田出版, 2000, 18頁; 柄谷行人, 『NAM: ニュー·アソシエイショニスト宣言』, 作品社, 2021, 222頁. 그런 반복의 공통적 지향, 20년이라

NAM적인 것의 발현 속에서

프로그램 아래에서 새로운 어소시에이션의 운동과 선언이 함께 지향하는 두 가지 상황이란 달리 말해 다음과 같다. 화폐경제 일반이 아니라 자본제 화폐경제의 괴사壞死를 가져오는 '다른' 화폐경제—예컨대 NAM 역시도 채택하고 있는 지역통화 무역경제 LETS[Local Exchange Trading System(이자를 낳지 않는, 자본으로 변하지 않는 화폐시스템의 경제, 1983~)]—가 그 하나이며, 국가집권의 매개력을 통한 국가의 폐기가 아니라 국가가 '직접적으로' 폐기되고 있는 장소들의 네트워크가 그 하나이다. 그 둘은 이른바 '교환양식D', 그러니까 『탐구』『트랜스크리틱』 연작(1990~1999)을 통해 논구되고 『세계사의 구조』(2010)를 통해 확장되었던, 이어 『D의 연구』 연재(2015~ ?)를 종합한 『힘과 교환양식』(근간)으로 지속되고 있는 교환양식론의 전망—혹은 [가라타니가 참조하는 블로흐적인 '희망(의 원리)'—에 뿌리박은 것이다. 교환양식D로서의 '어소시에이션과 LETS', 그것은 "국가[교환양식B: 수탈과 재분배(지배와 보호의 수수관계)]나 자본[교환양식C:

는 다른 시간/배치 간의 접촉 혹은 접선을 드러내기 위해, 이하 다음과 같이 윗점을 찍어 인용한다. '『NAM』, 18頁/222頁.' 본문에서도 윗점을 찍어 NAM으로 표기한다.

이소노미아의 조건

상품교환(화폐와 상품)과는 달리 비착취적이며, 농업공동체(교환양식A: 상호되갚음·호수(증여와 답례))와는 달리 그 호수성互酬性은 자발적이고도 비배타적(개방적)이다."[2] 교환양식A의 '고차원적인 회복'으로 정의되는 교환양식D, 그것의 힘과 뜻을 전개시키기 위한 모종의 배치를 위하여 좀 더 강하게 방점 찍고 싶은 초점 혹은 영점이 있다. 교환양식A, B, C가 다름 아닌 부르주아혁명을 통해 삼위일체적인 것으로서 합성되었다는 입론이 그것이다. "그 셋이 진정으로 '결혼'하는 것은 부르주아혁명을 통해서이다. 프랑스혁명에서 자유, 평등, 우애라는 트리니티(삼위일체)가 제창되었듯이 자본, 국가, 네이션은 분절될 수 없는 것으로서 통합된다. 따라서 근대국가는 자본=네이션=스테이트capital-nation-state로 불려야만 한다. 그것은 서로가 서로를 보완하고 보강하도록 되어 있다. 예컨대 경제적으로 자유롭게 거동하는 것이 계급적 대립으로 귀결될 경우, 이를 국민(혹은 네이션)의 상호부조적 감정으로 극복하거나 국가에 의한 규제로 부를 재분배하는 방식이 취해지는 것이다.

---

[2] 『NAM』, 43頁/238頁.

NAM적인 것의 발현 속에서

그렇기에 단지 자본주의만을 타도하려고 하면 국가적인 관리를 강화하게 되거나 네이션의 감정에 허를 찔려 실패하게 될 따름이다. 앞의 것이 스탈린주의이고 뒤의 것이 파시즘이다."[3] 부르주아혁명으로서의 프랑스혁명, 곧 인민에 결속된 주권적 힘의 형태를 표상하는 자유-평등-우애의 기치·가치가 부르주아혁명의 회로를 따라 보로메오 매듭으로 체결되는 자본-국가-네이션에 각기 포획당해 있는 것이라고 할 때―곧 자유가 자본(이윤추구)의 자유에 의해, 평등이 국가(법치)적 평등에 의해, 우애가 네이션적인 감정(감성적[美的] 네이션)으로서의 우애에 의해 해석되고 결정되면서 서로를 보충하고 있는 것일 때, 줄여 말해―자유 ≡ 자본, 평등 ≡ 국가, 우애 ≡ 네이션이 상충하는 것들의 연접결합체 Complexio Oppositorum로서 외부를 포함/배제하는 폭력의 형태들로 재현되고 있는 것일 때, 그런 삼위일체적 전쟁 ≡ 정치체에 맞세워지는 다음과 같은 이의제기는 래디컬한[본원적인, 그렇기에 급진적인] 힘의 힌트 하나를, 그런 힘으로 발현하는 오래

---

3) 『NAM』, 46頁/240頁.

이소노미아의 조건

된 미래의 양태 하나를 비춰준다. "루소가 말하는 것과 같은, 인민이 주권자로서 등장하는 ["진정한"-]어셈블리[집회], 직접민주주의는 어디에 있는 것일는지요? 그것을 고대 아테네의 민회 같은 걸로 여기는 것은 잘못입니다. 민회에는 소수의 시민만이 참가할 수 있었습니다. 다수를 점하는 여성이나 노예, 외국인, 아이는 내쫓겨나고 있었던 것이죠. 말이 나온 김에 덧붙이자면, 소크라테스는 다이몬(정령[精靈])의 말을 듣고는 그런 민회에 가지 않고 광장(아고라)에서 논의를 행했습니다. 다름 아닌 거기에 진정한 민회, 진정한 직접민주주의가 있었던 겁니다."[4] 달리 인용하면 다음과 같다: "민회에 데모크라시가 있었다고 한다면, 광장(아고라)에는 이소노미아가 있었다. 즉 아테네에서는 아고라에만 이소노미아가 있었다고 해도 좋다. 그렇기에 소크라테스는 오로지 아고라에서만 활동했고 그럼으로써 자신도 모르게 이소노미아적 사상을

---

4) 柄谷行人,「日本人はなぜデモをしないのか[일본인은 왜 데모를 하지 않는가]」,『NAM: ニュー・アソシエイショニスト宣言』, 191頁. 강조는 인용자(이하 마찬가지).

NAM적인 것의 발현 속에서

회복시킨 것이다."5) 이소노미아, 이른바 무[無(非)-]지배(no rule[아렌트의 번역어]). 달리 말해 교환양식D, 그 힘·게발트의 벡터·발현·편성·장소를 서명·날인하는 이소노미아라는 고유명. 줄여 말해 "이소노미아 또는 교환양식D."6) 이에 대한 비평을 다름 아닌 "NAM적인 것의 확대"7)를 위하여, NAM적인 것의 사상에 뿌리박은 비판으로서 시도해 보려고 한다. 위와 같이 강조함으로써 달리 '인용'한 여러 낱말들은, 그렇게 이소노미아의 조건을 비추는, 그럼으로써 이소노미아적 게발트의 형세를 이루는 관계항이 될 것이다.

§2. 이소노미아 또는 교환양식D는 왜 '이오니아'에서 이뤄지고 있었던가. 모국 아테네로부터 식민의 형태로 '이동'해 간 사람들의 폴리스 이오니아에서 정치적-경제적[곧 자유와 평등의 관계에 관여하는] 무지배·비지배의 상태가 존속될 수 있었던 이유와 조건은 무엇이었

---

5) 가라타니 고진, 『철학의 기원』, 조영일 옮김, b, 2015, 207쪽.
6) 가라타니 고진, 『철학의 기원』, 206쪽.
7) 『NAM』, 29頁/228頁.

이소노미아의 조건

는가. 우선, 거기서 사람들은 "씨족적·부족적 전통으로부터 스스로를 한 차례 단절["분리"]시키면서 그때까지의 구속과 특권을 포기하고[-"자유로워졌으며"/"자발적으로"] 새로운 맹약공동체를 창설할 수 있었다."8) 그런 맹약·사회계약의 체결 과정은, 전통적 정주定住사회가 억압했던 유동적인 삶의 방식을 회복하는 과정이었던 바, 그것은 이오니아에서의 삶이 구속 상태와 예종의 위난을 피해 언제든 이동할 수 있는—일종의 '긴급피난Notstand'이 필요에 따라 가능해지는, 혹은 법(노모스)의 바깥=예외로서의 비상시 피난처Shelter와도 같은—변경의 넓은 땅·프런티어에, 그 땅 위에서 가능해지는 독립적·자영적 생산노동에 근거해 있었기 때문이며, 그리고 무엇보다 공동체와 공동체 사이에, 그 장소[frontier] 위에서 가능해지는 평의회적인(비국가적/사적인) 네트워크를 통해 이윤의 독점을 배제하는 교통 및 교역에 근거해 있었기 때문이다. "이소노미아는 근본적으로 유동성을 전제하고 있다. 그리고 이오니아에 새로운 유동성을 가져온 것은 상공업의 발전이었다."9) 이오니아의 사람들은 정주적 사회에서의

---

8) 가라타니 고진, 『철학의 기원』, 41쪽.

NAM적인 것의 발현 속에서

상호 증여 및 답례가 형성하는 구속관계(교환양식A)로부터 스스로를 절단시킨 자유로운 개인이며 독립생산자였고, 그들의 연합·어소시에이션은 생산물의 교역·교통에 따라 계급격차와 지배관계를 초래하는 교환양식C를 지양止揚.aufheben[보존/폐기]함으로써 교환양식A에 선행하는(그것의 근원에 있는) 원原-유동성을 고차적으로 회복하게 되는 과정―즉, 발현하는 교환양식D―의 동력이자 산물이었다. 철학의 기원으로서 이오니아에서 이뤄지고 있던, "자유롭기에 평등하다는 이소노미아의 원리"[10])가 그와 같다. 자유와 평등의 위계·상충·이율배반을 넘어가는 힘, 자유와 평등이 직접적으로 unmittelbar 상보적이고 상호조건적이며 선순환적일 수 있게 되는 힘, 그런 힘의 벡터[방향·속도-강도 간의 상보적/누진적 효력상태]로 발현하는 것이 이소노미아이다.[11]) 이런 말을 하고 싶은 것이다. 이소노미아의

---

9) 가라타니 고진, 『철학의 기원』, 59쪽.

10) 가라타니 고진, 『철학의 기원』, 57쪽.

11) 자유와 평등 간의 모순, 그 근원성 혹은 해소불가능성에 관해서는, 가라타니 고진, 「자유·평등·우애」(1992년도 강연, 『문자와 국가』, 조영일 옮김, b, 2011)가 참조되어야 한다.

이소노미아의 조건

현재, 현재의 이소노미아는 다름 아닌 NAM적인 힘의 형세와 연동되고 있(었던 게 될 터이)다: "진정한 어소시에이션[=교환양식D]이란 한 차례 전통적 공동체의 유대로부터 단절된 개인에 의해서만 형성될 수 있다. 따라서 자본[C]과 국가[B]에 맞선 대항은 동시에 전통적 공동체[A]에 맞선 대항을 포함하지 않으면 안 되는 것이다."12) 래니컬한 어소시에이션은 발현 중인 이소노미아이다. 이런 접합은 교환양식D의 내역과 내력來歷을, 그 미지의 도래 중인 'X'를 구체적으로 표출한다. 그것은 NAM의 두 번째 프로그램으로 달리 표시될 수 있는바, 그럴 때 이오니아적 이소노미아 또는 교환양식D(X)는 소크라테스 이전의 단편들·여백들을 통한 소행적溯行的[(망각의 체계 혹은 체계적 망각을) 거슬러 올라가고 파고들면서 거역하는] 추상의 산물인 동시에 근대 세계시스템 너머를 구상하는 어소시에이션=어셈블리 운동의 '내재적-초출적超出的'인 힘으로 정초될 수 있다.13) "'철학의

---

12) 『NAM』, 15頁/220頁.
13) 내재적 운동과 초출적 운동을 동시에 조직하는 일, 그 두 날개의 상보성 혹은 상호조건성에 관해서는 다음을 참조할 수 있다. 柄谷行人,「NAMを語る[NAM을 이야기한다]」(第二回 '内在

NAM적인 것의 발현 속에서

기원'은 의외로 가까운 곳에 있다."14) 이소노미아는 NAM(적인 것) 가까이에 있다: "(2) NAM은 자본과 국가에 맞선 대항운동을 조직한다. 그것은 트랜스내셔널한 '소비자로서의 노동자' 운동이다. 그것은 자본제 경제의 내측과 외측에서 행해진다. 물론 자본제 경제의 외부에 서는 일은 불가능하다. 그렇기에, 그 외측이란 비자본주의적인 생산 및 소비의 어소시에이션을 조직한다는 것을 뜻하며, 그 내측이란 자본에 맞선 대항의 장을 유통(소비)과정에 둔다는 것을 뜻한다."15) 이 제2프로그램 속에는 이소노미아적 게발트의 조건을 건드리면서 나아가는 몇몇 접선들이 있다.

2-1. 마르크스가 말하는 자본의 일반공식 G—W—G′, 곧 화폐—상품—화폐[G′: 잉여가치(⊿G)만큼 증식된 화폐]로 이어지는 능동적 운동은 자본이 스스로를 증식·증강시키기 위한 무한하고도 매끈한 일관

的鬪爭と超出的鬪爭'), 『社會運動』(No.415), 2014年 11月.
14) 가라타니 고진, 「'철학의 기원'과 해바라기 혁명」, 『사상적 지진』, 윤인로 옮김, b, 2020, 237쪽.
15) 『NAM』, 18頁/221頁.

이소노미아의 조건

공정을 지향하는데, 키르케고르/마르크스 곁에서 가라타니는 그런 자본의 자기증식적 운동을 두 번에 걸친 '위기'로서, 나락^{Abgrund}으로 떨어질지도 모를 아찔한 점프의 연속으로서, 이른바 '목숨을 건 도약$^{Salto\,Mortale}$'의 필수불가결한 반복으로서 인식한다. 자본이 노동력을 살 때(G-W)의 위기가 그 하나이고, 자본제 생산품을 소비자/노동자에게 팔 때(W-G′)의 위기가 나머지 하나이다. 그 두 번의 위기 가운데 한 번의 도약이라도 안전하게 · 완전하게(성공리에 · 성황리에) 이뤄내지 못할 때, 자본은 자본이기를 멈춘다. 그 두 번에 걸친 자본의 위기적 도약 속에서, 역사적 반자본주의 운동의 주류는 노동력상품을 사는 입장에 선 자본을 적대로 삼았으되 노동 조건의 외면적인 수정과 계량이라는 타협주의 혹은 진보주의에 안착했고, 자본이 허용한 파트너로서(혹은 자본의 공동정범으로서) 계급분할을 통한 포함/배제의 다층화를, 부자유≡불평등의 예속화 체제를 재생산했다. 반대로 NAM, 진정한 어소시에이션은 자본이 스스로의 생산품을 파는 입장에 서 있는 시공간에서,

NAM적인 것의 발현 속에서

자본이 잉여가치의 실현을 위해 거치지 않을 수 없는 최종심(급)적인 과정으로서의 소비·유통의 장소에서 '교환양식D 또는 이소노미아'를 구성하는 다른 도약의 벡터이다. 파는 입장에 선 자본의 위기, 자본주의적 도약의 그 시간·장소야말로 소비자=노동자의 진정한 어소시에이션 운동이 비자본주의적 도약으로서의 교환양식D로 발현될 수 있는 약한 고리·매듭의 현장·전장이다. NAM의 로두스-이소노미아가 거기이며, NAM적인 것은 바로 거기서 뛴다·도약한다[Hic Rhodus-Isonomia, hic salta]. 그런 비자본주의적 도약의 벡터는 가라타니가 언급하는 네그리의 자율주의적 명령 '일하지 말라(노동력을 팔지 말라)'와 간디의 비폭력주의적 명령 '사지 말라'를 통해 표출되고 있다. 그 두 정언명령적 테제를 받아 안는 것, 달리 말해 일하되 스스로의 노동력을 팔지 않는 형식으로 일하는, 자본의 매개 바깥을 열고 일구는 직접적=자기주인自主적인 생산의 장소, 타자의 노동생산을 얻되 그 노동에 소외와 외화를 폐지하는 힘의 벡터를 증여하는 방식으로 얻는, 그럼으

이소노미아의 조건

로써 나 자신의 노동의 소외도 함께 끝내는 고차원적인 교환의 힘으로서의 D 또는 이소노미아-로두스. 거기가 NAM이라는 이름으로 날인된 역-도약의 계기적 장소-X이며, 그 미지의 X가 NAM의 이름 아래 구체적으로 발현하는 한 가지 양태가 '생산-소비협동조합'이다. 그것을 신성모독/세속화profanation의 진지구축으로 새겨보게 된다. 왜 그런가.

2-2. 자본의 능동적 운동 속에 내재되어 있는 치명적인 위기, 자본의 증식과 종식을 가르는 저 목숨을 건 도약의 강제상황과 관련하여 살펴보게 되는 것은 마르크스의 한 대목이다: "가치는 이제 상품들[W]의 관계를 표현하는 것이 아니라 이를테면 자기 자신과의 사적인[자기증식적인] 관계를 맺는다[G-W-G']. 그것은 최초의 가치[처음에 투하·발효된 가치]로서의 자신[G]을 잉여가치로서의 자기 자신[⊿G]으로부터 구별한다. 이는 성부Gott Vater가 성자Gott Sohn로서의 자기 자신으로부터 스스로를 구별하는 것과 마찬가지이다. 실제로는 그 아버지와 아들이 서로 나

NAM적인 것의 발현 속에서

이가 같고 한 몸이지만 말이다. 왜냐하면 그렇게 구별된 잉여가치 10원에 의해서만이 비로소 최초에 투하된 100원은 자본이 될 수 있기 때문이며, 그렇게 그 100원이 자본으로 되자마자, 즉 [아버지에 의해(그리고 상품의 매개, 상품(W)의 생산과 판매에 의해)] 아들이 생겨나고 그 아들에 의해 [사후적으로] 아버지가 생겨나자마자 그 둘의 구별은 다시 소멸해버리고 둘은 한 몸으로, 곧 110원[G'(G+△G)]이 되기 때문이다."[16] G—W—G′에서 G는 물론 화폐(Geld)이되, 또한 동시에 신(Gott)이기도 하다[정확하게는 다음과 같이 말해야 할지도 모른다: G—W—G′에서 G는 물론 신(Gott)이되, 또한 동시에 화폐(Geld)이기도 하다]. 최초에 투하된 화폐(G—성부—100원이 다름 아닌 성부가 될 수 있는 것은 그 100원이 (종교로서의) 자본제 상품-신용-신앙의 매개를 전후한 목숨을 건 도약에 성공함으로써 잉여가치 △G—성자—10원을 낳을 때이다. 100원의 도약이 분만한 10원에 의해 100원이 110원으로 증식되는 과정 속에서만[그리고 그런

---

[16] 마르크스, 『자본론』(1권), 김수행 옮김, 비봉출판사, 2000, 193쪽. 번역은 원문 및 기타 국역본(강신준·황선길 역본)을 참조하여 수정.

이소노미아의 조건

과정의 재시작·반복 속에서만[기계적으로 예컨대, 110원+11원, 121원+12.1원, 133.1원+13.31원, 146.41원+……식으로만)], 100원은 자본=성부로서, 10원은 잉여가치=성자로서 서로를 증식시킬 수 있으며, 그런 증식·증강을 통해서만 서로를 존립·존속시킬 수 있다. 성부=G, 성자=⌀G, 성령[으로 충만한 상품]=W의 삼위일체, 신학적=경제적 신성가족의 증식 운동. 다시 말해 성聖-축적, 자본의 성무일과聖務日課(Officium Divinum). 그런 성-삼위의 구별되면서도 일체화하는 운동 없이, 일체화되는 구별의 운동 없이 자본의 축적-지배는 불가능하다. 그런 운동 없이 신의 섭리-통치가 불가능한 것처럼 말이다. 그런 한에서, 가능하고 필요한 물음과 응답은 이렇게 된다. 교환양식C의 체제 아래에서, 저 '사지 말라'와 '일하지 말라(노동력 상품을 팔지 말라)'는 두 정언명법적 보이콧의 명령은 어떻게 발효되는가. 그 두 명령을 받아안는, 그럼으로써 비자본주의적 경제권[圈/權]을 구성하는 생산-소비협동조합은 삼위일체적/섭리적 자본의 축적정식 G-W-G′의 편재성을, 그 신성의 안전한 단일체를, 그 합일체의 완전한 신성을 쪼개 치명적인 두 개의 모멘텀으로 형질전환

NAM적인 것의 발현 속에서

시키는 힘, G−W와 W−G′를 두 개의 위기적 심연$^{深淵(Abgrund)}$으로 항시 분절하고 탈구시키는 힘으로서 발현한다. 그것은 신성-교환양식C의 체제 속에서 자유≡평등의 노동과 소비를 구현하는 힘, 무지배·비지배에 뿌리박은 교환의 게발트이다. 신성모독/세속화가 전개되는 진지로서의 생산-소비협동조합, 그것을 이소노미아(로의 도약)의 현재적 바탕으로 새길 수 있는 이유가 그와 같다. 동일한 이유를 따라, 앞서 인용한 NAM의 제3프로그램이 정초된다.

§3. 이소노미아가 '목양^{牧養}'을 위한 울타리(경계)를 '획정·취득^{nemein}'하고 영양을 '배분'하는 경제적 운용에서의 '평등$^{iso-}$'을 뜻할 때, 그렇게 자기의 양생^{養生}이 타자의 후생으로 직결되는 자유≡평등의 '윤리적-경제적' 관계로 발현되는 것일 때, 이소노미아는 평등하게$^{iso-}$/정의롭게 적용되는 법^{nomos}의 시공$^{時空/施工}$이기도 하다. 그렇기에 이소노미아의 조건은 그런 nem-ein-nomos 간의 상보적 접맥과 공통의 발현을 받아 안는 데에 걸린다. 교환양식C의 체제를 주재하는 자

이소노미아의 조건

본의 성-삼위 운동이 국가/법(의 적용=지배)에 관한 사실상의de facto 재량적인 심급일 때, 이소노미아는 그런 자본≡국가(교환양식C≡B)에 의한 법의 해석-준용-집행의 일관 공정을 탈구[out of joint]시키는, 그럼으로써 법적 운용술의 근저를 무-근저ungrund의 상황으로 전위시키는 시공이다. 그렇게 무지배·비지배로서의 이소노미아는 법의 무근저성 곧 아노모스·아노미아의 발현을 그 조건으로 갖는다. 아니, 이소노미아는 아노미아가 발현하는 특정한 양태이며, 아노미아는 이소노미아의 조건일 때에만 자본≡국법의 피안일 수 있다. NAM의 제3프로그램에서 설정되는 자본제 화폐경제와 국가의 폐기, 그 피안의 한 가지 발현양태로서 가라타니가 인용했던 한 대목, 정확히 말하자면 그런 피안의 발현을 위한 특정 배치 속으로 끌어와 의미의 접선을 시도했던 한 대목이 있다. '국가주의자' 칼 슈미트의 '국가사멸'론, 곧 '소비-생산협동조합'론이 그것이다: "'세계국가Weltstaat'[cf. 이 곁에 가라타니적 '세계공화국'이 놓일 수 있다]가 지구 및 인류 전체를 포괄할 경우, 그것은 정치적 단위가 아니며 단지 통상적으로 국가라고 불릴 따름이다. (…) 그런 정치적 단위가 그

NAM적인 것의 발현 속에서

범위를 넘어 문화적인 것이든 세계관적인 것이든 다른 뭐든 간에 어떤 '고차적인höhere'[cf. 이는 교환양식D의 중심성분으로 공유된다] 단위를, 그러하되 어디까지나 비정치적인 단위로서 형성하고자 할 경우, 그것은 윤리와 경제라는 양극 사이에서 중립점을 찾는[이는 NAM의 제1프로그램(곧 '윤리적-경제적 운동')과 가깝다] 소비-생산협동조합Kultur-und Konsumgenossenschaft[cf. 교환양식D]이 될 터이다. 이는 국가와도 왕국과도, 공화국과도 군주정과도, 귀족정과도 민주정과도, 보호와도 복종[교환양식B]과도 아무 관계가 없는 바, 무릇 소비-생산협동조합은 일체의 정치적 성격을 떨쳐버린 게 될 것이다."17) 삽입구를 틈입시켜 놓은

---

17) 『NAM』, 60頁/250頁에 인용된, 칼 슈미트, 『정치적인 것의 개념』(일역본, 1970)의 한 대목. 번역은 수정. 중략표시는 가라타니, 원어 및 문구 삽입은 필자. 하나의 가설을 이야기하자면, '칼 슈미트의 이소노미아', 그 가능성의 역설 혹은 양가성이라는 관점에서 위의 한 대목을 다시금 인용하는 일은, 『정치적인 것의 개념』이 달리 방점 찍힌 세 가지 판본(1927년 논문 초판, [1932년 저작판을 저본으로 삼은] 1963년 신판, 1933년판[나치 집권에 접속하는 (수정)판본]) 간의 관계적 산물임을 염두에 두고, 저 'nemein-nomos'를 대상으로 행해진 슈미트의 접합론 곁에서, 그 두 낱말 각각에 접두사 'iso-'를 붙일 수 있는 계기와 장소를

이소노미아의 조건

이 한 대목을, 교환양식D 또는 이소노미아로 발현하는 미지의 X-벡터로서, 그 구성 성분들이 상보적으로 응집되어 있는 게발트의 특정 상태로서 자리매김해 둘 필요가 있다. 달리 말해, 가라타니가 말하는 "'정치적인 것(폴리스적인 것)'에 집착할[고수(固守)할] 필요"18)를 따라, 곧 NAM적인 것이 분만되는 산실産室로부터 다시 시작하기로 하자.

3-1. 그런 집착 속에서 가라타니는 슈미트의 문장들을 받아 다르게 쓴다: "슈미트도 소비-생산협동조합 이외에 국가를 지양하는 길은 없다고 말하는 것이다. 그 경우, 국가는 남지만 더 이상 정치적인 것이 아니다. […] 시장경제는 남지만 그것은 현재 사람들이 생각하고 있는 (자본주의

발굴하는 일로서, 그리고 그 일을 슈미트 안에서 그를 거슬러 그 너머를 구성하는 작업으로서 시도될 수 있지 않을까 한다.
18) 柄谷行人+國分功一郎,「デモクラシーからイソノミアへ: 自由ー民主主義を乗り越える哲学[데모크라시에서 이소노미아로: 자유민주주의를 넘어서는 철학]」,『Atプラス』15号(『哲学の起源』を読む), 2013年 2月, 26頁.

NAM적인 것의 발현 속에서

적) 시장경제와는 언뜻 비슷해 보여도 다른 것일 터이다."[19] 이 문장들 곁에서 적대의 구도는 다음과 같이 표시될 수 있다. 국가가 주재하는 구체적 법역질서 혹은 법 안과 밖의 장소를 획정하는 국가라는 교환양식 VS. 소비-생산협동조합 혹은 NAM적인 힘의 발현연관. 그 힘, 이소노미아의 조건을 표시하는 그 힘은, i) 보호와 복종(안전보장과 의무이행)이라는 교환양식B(=국가)의 원리와 운용을 정지·전위[轉位]시키며, ii) 교환양식B의 상이한 관철양태들·변양체들로서의 군주정-귀족정-민주정[monarchy-aristocracy-democracy]이 공유하고 있는 지배[cracy.archy]의 벡터를 무위로 돌리는, 그런 한에서 무지배적인=이소노미아적인 게발트로서 발현한다. 그 힘은 iii) '윤리적-경제적[또는 평등=자유] 운동'이라는 NAM의 제1프로그램 속에서 비자본주의적 경제권을 분만하는 동력이자 그런 경제권의 산물로서, iv) 여러 국가들 너머의 세계국가적인 레벨에서, 곧 모종의 고차적인 레벨에서[세계공화국(Weltrepublik)은 그 한 사례이다] 발현될 수 있는 것이다.[20]

---

19) 『NAM』, 61頁/250頁.

이소노미아의 조건

v) 그럴 때 소비-생산협동조합은 정치적인 것 일체를 벗어나는/넘어가는, 정치적인 것으로서의 적대 획정(이른바 적과 동지의 구획)을 사멸시켜 가는 힘의 벡터를 갖는다. 그 속에서 교환양식B와

---

20) 슈미트의 세계국가 곁에 놓고 그 거리를 가늠해 볼 수 있을, 고차적 레벨로서의 세계공화국. 이는 이오니아적 이소노미아의 조건(이동 가능한 땅)과 관련된 다음과 같은 모순을 해소하는 길을 가리킨다. "유동성(자유)은 평등을 가져오는데, 그것을 유지하기 위해서는 유동성을 가능하게 하는 공간을 확장시키지 않으면 안 된다. 여기에 이소노미아=타운십이 가진 모순이 있다."(『철학의 기원』, 64쪽) 그 길은 국가 간 평화, 예컨대 이오니아 연방제 기획 및 그것의 실패(탈레스)로 거슬러 올라가 표시될 수 있으며, 오늘 여기 「일본국헌법」 9조의 실행을 통해 결정적인 한 걸음을 내디딜 수 있는 것이다: "현재 국제연합은 기능하지 못하게 되어 있습니다. 전쟁을 저지하는 힘을 갖지 못한 국제연합을 바꾸기 위해서는 각각의 나라에서 대항운동이 행해질 필요가 있습니다. 예컨대 일본이 금후 헌법9조를 실행하리라는 것을 국제연합에서 선언하는 일만으로 상황은 결정적으로 바뀔 것입니다."(柄谷行人, 「戰後七〇年 憲法九条を本当に実行する[전후 70년. 헌법9조를 정말로 실행하다]」, 〈朝日新聞〉(朝刊), 2015. 8. 15.

NAM적인 것의 발현 속에서

C의 형태는 남지만 그것은 더 이상 기존의 B와 C가 아니게 되는바, 삶과 정치는 새로운 관계로 전위되고 다시 분만된다. 달리 말해 가라타니에게 자본제 화폐경제와 국가 그 자체의 폐지로 접선되는 슈미트적 어소시에이션―그렇기에 슈미트가 (어느 정도) 두려워하며 억지되지 않으면 안 되는 것으로 간주하는 어소시에이션―은 비국가적이며 비자본제적인 고차성의 발현으로서, 그런 한에서 비지배적인·무지배적인 게발트로서, 이소노미아적인 동시에 D적인 힘의 형질을 띠고 발현하는 것이다.

3-2. 자본제 화폐경제에 맞선 투쟁의 역사 속에서 아직 본격적인 보행이 시도됐던 적이 없는 전인미답前人未踏의 길, 즉 '총-보이콧general boycott'의 효력에 관한 가라타니의 설득은 정치적인 것(으로서의 NAM적인 것)을 향한 그의 집착이 하나의 사고실험으로 표출되는 장소라고 하겠다. 그것은 자본제-국가의 지양을 내건 NAM의 제3프로그램에, 다름 아닌 '비폭력'의 옹호에, 그러니까 '폭

이소노미아의 조건

력혁명'과 '의회주의'의 거부에 맞물려 있다[가라타니는 룩셈부르크와 레닌을 폭력혁명의 사례로, 베른슈타인과 카우츠키를 의회주의의 사례로 든다]. 비합법 폭력혁명과 합법적 투쟁으로서의 의회주의, 이 표면적 차이 혹은 수단적 레벨에서의 대립은 국가권력의 장악이라는 그 둘의 공통분모적인 목적에 의해 견인되는 것인바, 그런 모조[pseudo]-차이의 구도는 투쟁을 집권주의적인 벡터로 환원하는 상보적 이항대립으로 가동된다. 생산력-역사의 진보에 따른 국가의 필연적 자연사自然死, 이 입론 안에서 그런 필연의 도래를 구원과 지복至福의 깃발 아래 앞당기려는 진보와 집권[진보적 집권, 집권적 진보]의 가속자. 폭력혁명과 의회주의가 함께 뿌리박고 있는 폭력의 공유지반을 그렇게 표시할 때, 그 각각은 다름 아닌 생산 과정에서의 '총파업'을 특정한 맥락에서 수단화하는 피의 폭력, 피에 주린 폭력[Blutgewalt]의 두 양태로 달리 표시된다. 폭력혁명에서 총파업은 이른바 전위 혹은 직업혁명가의 대표-대리를 따라 표상-재현의 회로에 긴박된 수단적 폭력으로 한정되며, 의회주의에서 총파업은 노·사·정의 타협테이블을 초과해서는 안 되는, 어디까지나 타협에서의 유리한 고

NAM적인 것의 발현 속에서

지를 점유하기 위한 수단으로서만 허용되는바[이를 '정치적 총파업'(혹은 [유혈적] 무력)으로 명명하고 '프롤레타리아 총파업'(혹은 [지혈하는] 폭력)과 구분했던 건 소렐/벤야민이었다(1908/1921)], 의회주의라는 타협주의는 오직 상상 속에서만 스스로를 비폭력적이라고 믿는 유혈적 무력이다. 그렇게 폭력혁명과 의회주의가 노동생산의 과정 G—W 상의 특정한 권력관계를 무대로 삼는 데에 반해, NAM은 '소비자로서의 노동자' 운동으로서, '노동력상품을 팔지 말라'와 '자본제 상품을 사지 말라'는 총-보이콧의 정언명령에 뿌리박는다. NAM(적인 것)은 자본의 일반공식 G—W—G′를 치명적인 두 위기가 내장된 피동태·수동태로 거듭 정의하는 비폭력적 총-보이콧의 과정/소송 속에서, 비자본주의적 교환의 경제력으로서, 국가를 지양하는 힘―그 한 범례로 예컨대 국가권력의 최고도 집행 가운데 하나인 전쟁발동권을 억지하고 폐지하는 힘[한 사례로 예컨대, 「일본국헌법」 제9조의 효력]―으로서, 달리 말해 교환양식 C ≡ B를 지탱하는 지배관계의 절단으로서, 폭력의 해체로서, 무지배적이고 비폭력적인 게발트의 발현 장소로서 정초된다. 다음과 같은 연쇄 속에서 가라타니의 한 대목을 읽게 되는

이소노미아의 조건

이유가 그와 같다. 총-보이콧적인, 비폭력적인, 그런 한에서 이소노미아적인: "19세기 말 이래로 폭력혁명과 의회주의는 제국주의전쟁을 저지하는 일조차 불가능했다. […] '만약'이라는 게 허락된다면, 그때[국가의 전쟁을 저지하려는 때] 목숨을 걸었던, 그렇기에 곤란에 직면한 정치적 파업 대신에 노동자가 평소대로 일하되 자본제 생산물―그게 어느 나라의 것이든―을 사지 않는 방식의 운동을 행했더라면 어찌 되었을까. 만약 그것(general boy-cott[총-보이콧])이 제2인터내셔널 아래 각국에서 동시에 행해졌더라면 자본이나 국가는 아무 손쓸 방도가 없었을 터이다."[21]

---

21) 『NAM』, 37頁/233頁. 총-보이콧, 그 중축으로서 "사지 마라"는 간디의 비폭력 명령은 가라타니에 의해 그람시의 진지전과 접맥된다. 말하자면 간디+그람시적 기획으로서의 비폭력, 이소노미아의 조건. "그는 기동전, 진지전, 지하전 같은 전쟁형태의 비유로 이야기했었다. 그 경우, 기동전이란 정치적 국가와 직접적으로 싸워 권력을 장악하는 것이고, 진지전이란 정치적 국가의 통치장치 배후에 있는 시민사회의 헤게모니적 지배장치와 싸우는 것이다. 그런 '진지전'의 사고방식은 현재 문화적

NAM적인 것의 발현 속에서

§4. 이소노미아 또는 교환양식D, 『철학의 기원』 또는 「NAM의 원리」. 말하자면 교환양식D/X(이소노미아)를 구성하기 위한 NAM의 제1·4·5 프로그램이 남아 있다. 이에 대한 인용을 이후의 작업으로 이월시키면서, 가라타니의 한 대목을 이정표로 세워 두고자 한다. 내게 그것은 이소노미아의 조건을 위해 어소시에이션의 원리를 어셈블리의 효력원리로 이동시킬 필요를 감지하게 되는 문장들이다. "저는 이 책[『철학의 기원』]을 쓰면서 데모[원전반대 집회]에 갔었습니다. 물론 다이몬의 목소리를 들었기 때문이 아니라 부득이했기에

비판을 지향하는 사람들의 근거가 되어 있다. 하지만 '진지전'이 단순히 문화적 헤게모니의 투쟁을 뜻하는 것일 턱이 없다. 그 지점에서 흥미로운 것은 그람시가 마하트마 간디의 소극적 투쟁을 높게 평가하면서 그것을 '진지전'으로 부르고 있다는 점이다. '간디의 소극적 저항이란 어떤 시점時點에서는 기동전이 되고 다른 어떤 시점에서는 지하전이 되기도 하는 진지전이다. 보이콧은 진지전이고, 파업은 기동전이고, 무기와 전투원의 내밀한 준비는 지하전이다.'(그람시, 「정치투쟁과 군사투쟁」, 『신新군주론』) 즉, 그는 다름 아닌 보이콧에서 '진지전'의 정수를 발견해내고 있었던 것이다."(『NAM』, 38頁/234頁)

나갔던 겁니다. 그러나 다름 아닌 그때 [데모 속으로 (데모로서)] '소크라테스 이전의 철학'이, 즉 '철학의 기원'이 회귀해왔던 게 아니겠는가, 지금 저는 그렇게 여기고 있습니다."22) 철학의 기원(이소노미아)과 광장에서의 어셈블리. 이 관계를 다시금 NAM의 원리 속에서 살펴보는 작업이 가능하고 필요할 터인데, 이는 다음과 같은 문장들에 뿌리박은 게 될 것이다. "「NAM의 원리」란 여전히 완성된 것이 아니며 완성될 수도 없는 것이다. 그것은 끊임없는 생성 과정에 있으며, 금후의 실천 속에서 고쳐 써지고 덧붙여 써지게 될 것이다[『NAM: 生成』(2001, 공저), 『NAM 總括』(요시나가 타케시, 2021), 『NAM』(2021)이 그런 사례이다(여기 이 글 역시도 마찬가지이다)]. 그러하되 나는 「NAM의 원리」가 과거 200년의 사회주의 운동을 총괄함으로써 금후에 유일한, 적극적이고도 가능한 방향을 부여할 것이라고 생각한다. 그것은 적어도 나 자신에게는 '희망의 원리'이다. 그러나 그것이 결코 알기 쉬운 것은 아니다."23) NAM의 창립·해체

---

22) 柄谷行人, 「デモと'哲学の起源'[데모와 '철학의 기원']」, 『NAM: ニュ-·アソシエイショニスト宣言』, 198頁.

23) 柄谷行人, 「序文」, 『NAM: 原理』, 7頁.

NAM적인 것의 발현 속에서

· 회고 · 재구축이라는 현실적 부침의 궤적을 따를 때, NAM의 원리는 절망을 포기하지 않게 하는, 절망의 '실험'을 지속하게 하는 희망, 오직 그런 한에서만 '희망의 원리'라는 이름에 값하는 희망일 것이다. 달리 말하자면, 그런 희망 혹은 실험 속에서 가라타니의 현재는 '말년의 양식'ㅌ사이드을 이뤄가고 있다. 그러하되 NAM적인 것 또는 이소노미아적인 것의 확대를 위한 실험의 대상 · 내용 · 의지는, 간간히 들리는 아무렇지 않게 내뱉는 말과는 달리, '결코 알기 쉬운 것이 아니다.' 왜냐하면 그 실험이 '도래하는 것'에 대한 응답/책임의 근원이자 결과이기 때문이다. "그것은 역시 '도래'하는 무엇입니다. 그러하되 도래했다고 한다면, 그것에 제대로 응[답]하지 않으면 안 됩니다. 저는 그렇게 생각합니다."24) 도래 중인 것으로서의 교환양식D/X(이소노미아), 그 미지의 힘을 향한 도약에 내기를 걸어 볼 수 있다고 생각한다. 「D의 연구」가 결실 맺게 될 『힘과 교환양식』을 기다리면서, 그렇게 도래하는 도약의 장소를 기다리면서, 가라타니의 80

---

24) 柄谷行人+國分功一郎, 「デモクラシーからイソノミアへ」, 27頁.

세 말년의 오늘을, 그 잠재성의 변경을 주시하게 된다. 거기에는 가라타니가 말하는 정치적인 것으로서의 신학에 관한 집착이 있었던 게 될 터이다.

제자와 신도 사이

나의 가라타니 고진 읽기

복도훈

제자와 신도 사이

　가라타니 고진에 대한 글을 준비하면서[1] 이따금씩 머릿속에 떠올랐던 것은 나쓰메 소세키의 소설 『마음』에서 선생과 주인공 '나'가 처음 만난 직후 바다에서 함께 헤엄을 치는 장면이었다. 2009년, 처음 일본에 갔을 때, 에노시마江ノ島가 보이는 자이모쿠자材木座 해안에 들른 적이 있다. 요트가 가득 떠 있던 그 해변이 『마음』에서 '나'와 선생이 처음 만난 바닷가였

---

[1] 이 글을 쓰면서 참조한 글과 책은 다음과 같다. 『마음』(송태욱 옮김), 「언어와 정치」(박유하 옮김), 「책임이란 무엇인가?」(박유하 옮김), 『일본근대문학의 기원』(박유하 옮김), 『은유로서의 건축』(김재희 옮김), 『탐구』 I · II (송태욱·권기돈 옮김), 『마르크스 그 가능성의 중심』(김경원 옮김), 『윤리 21』(윤인로·조영일 옮김), 『유머로서의 유물론』(이경훈 옮김), 『일본정신의 기원』(송태욱 옮김), 『근대문학의 종언』(조영일 옮김), 『역사와 반복』(조영일 옮김), 『정치를 말하다』(조영일 옮김), 『문자와 국가』(조영일 옮김), 『세계사의 구조』(조영일 옮김), 『트랜스크리틱』(이신철 옮김), 『『세계사의 구조』를 읽다』(최혜수 옮김), 「의식과 자연」, 「맥베스론」(고은미 옮김), 「사상은 어떻게 가능한가」(조영일 옮김).

다는 사실을 알고 잠시 설렜다. 소설에서 '나'는 햇빛이 물과 산을 온통 비추고 있는 바다 한 가운데서 선생의 동작 하나하나를 흉내 내면서 자유와 환희를 만끽하며 함께 물결 위에 나란히 눕는다. "넓고 파란 바다 위에 떠 있는 사람은 그 주변에 우리 둘 말고는 없었다. 그리고 강렬한 햇빛이 눈이 닿는 모든 물과 산을 비추고 있었다. 나는 자유와 환희에 가득 찬 근육을 움직여 바다에서 미친 듯이 날뛰었다. 선생님은 다시 손발의 움직임을 뚝 그치고 하늘을 향해 물결 위에 누웠다. 나도 선생님을 흉내 냈다. 파란 하늘빛이 반짝반짝 눈부시게 비치듯이 통렬한 색을 내 얼굴에 내던졌다. "기분 좋네요" 하고 나는 큰 소리로 말했다."(나쓰메 소세키, 『마음』) 바야흐로 '나'는 '선생'을 흉내내는 제자가 되어 있었다. 그렇다면 내가 이 글에서 내 마음대로 선생으로 부르는 가라타니 고진은 누구인가?

가라타니 고진의 글을 처음 읽은 지 이십오 년 가까이 지났고, 내내 사숙했으니 그는 내가 선생으로 부를 만한 인물이다. 가라타니가 암시한 바에 따르면,

제자와 신도 사이

선생은 새로운 것을 가르치는 사람이 아니다. 선생은 제자보다 앞서 태어난 사람도 아니다. 선생先生은 앞에 있었던 것(先)을 살게 하는 사람(生), 남들이 죽었다고, 유통기한이 지났다고 여기는 것을 되살리는 사람이다. 선생은 낡은 것이 낡지 않았으며, 새로운 것이 결코 새로운 것이 아니라고 제자에게 말해야 한다. 마르크스주의가 끝났다고 합창할 때 마르크스를 읽어야 하며, 포스트모더니즘이 새롭다고 주장할 때 포스트모더니즘이 낡은 것의 반복에 불과하다고 해야 한다. 서브프라임 모기지 사태가 일러주듯, 자본주의가 위기(공황)에 처했을 때 자본주의가 끝났다고 말하는 것이 아니라, 자본주의가 그런 위기(공황)를 먹고 사는 것임을 들여다보도록 해야 한다. 그것이 비평이고, 그런 사람이 선생이다. 비평은 새로운 이론이라는 상품에 혹하지 않고 새로운 것에 내재한 반복의 오래된 구조를 들여다보아야 한다. 그렇기에 비평은 어느 한 곳에 머무르지 않고 이동해야 하는 숙명을 지닐 수밖에 없다. 비평은 이론적인 문제이기 이전에 살아가는 문제다. 말하자면 그것은 실천적(윤리적)이다. 그러지 않으면 제 아무리 뛰어난 이론이라도 자기 중독에서 헤어 나오기 어렵게 된다. 이론이든 사상이든 그것에는 자기의 머리털을 붙잡고 늪에서 절망적으로 빠져나오려는 뮌히하우젠 남작의 운명이 서려있다. 따라서 비평은 근본적으로 자기비평이지 않으면 안 된다. 그렇게 선생은 제자에게 가르치고 있었다. 그러면 제자는 선생에게 무엇을 배웠을까.

1

아무래도 『마음』에서 주인공이 선생과의 첫 만남을 상기하듯이 나 또한 가라타니 고진과의 첫 만남을 상기해야겠다. 물론 그것은 실제 사람과의 대면이 아니라 텍스트와의 만남이었다. 학부시절 누군가 내게 읽어보라고 처음 권해준 가라타니의 글은 「언어와 정치」였다. 언어는 차이의 체계라는 소쉬르의 언어학이 어떻게 정치적일 수 있을까, 이런 의문을 가지며 되풀이해 읽은, 지적으로 자극적인 글이었다. 가장

제자와 신도 사이

비정치적으로 보이는 것이 가장 정치적일 수 있다는 식의 사유는 가라타니를 처음 읽었을 당시 학부생인 내게는 획기적인 것이었다. 가장 내밀한 것이 가장 외부적인 것과 접속할 수 있다는, 아니 가장 내밀한 것에서 외부가 뚫고나온다는, 내부에 불투명한 외부가 도사리고 있다는 사고의 파격. 비평이란 이러한 사유의 파격이구나.

이어서 가라타니의 「책임이란 무엇인가」도 읽었는데, 지적인 곡예가 돋보였던 앞의 글과 달리 이 글에는 명료한 주장과 윤리적 감각이 특출했다. 이 글은 가라타니 자신이 쓴 가라타니 입문서라고 할 만한 『윤리 21』의 밑절미가 되는 한일문학심포지엄(1995) 강연 원고로, 칸트를 그런 식으로 읽는 글은 처음이었으며, 칸트의 사유가 생생하게 현재적일 수 있다는 것도 놀라웠다. 공무원이 주어진 공무를 다 하는 것은, 국가의 공무원으로 일하는 것은 이성의 사적인 사용에 불과하다, 그러나 만일 공무원인 그가 자신의 국가를 비판하거나 그럴 수 있는 자유를 실행하는 것은 이성의 공적인 사용이며, 그것이야말로 계몽의 진정한 시작이라는 것이 칸트의 생각이다. 그때까지 나는 내가 생각해왔던 공공적인 것이라는 의미가 돌이킬 수 없이 전도되는 것을 느꼈다. 가라타니는 칸트의 생각을 바탕으로 개인과 공동체의 계몽의 수준과 차이, 인간에 내재한 근원적 적대, 전쟁책임에 이르는 방대한 철학적, 윤리적, 정치적 문제에 대한 그의 의견을 압축적이지만 명료하게 펼치고 있었다. 무엇보다도 전후 일본이 방기하는 전쟁책임, '무책임의 체계'의 중심에 천황제가 자리 잡고 있음을 분명하게 지적하면서 이에 대한 철저하리만치 주체적인 비판을 요청하는 이웃나라 비평가의 글은 내게는 꽤 용감한 주장으로 보였다.

    나는 「언어와 정치」에서는 데리다를 참조하는 뛰어난 해체론적 독해의 지적인 매력을, 「책임이란 무엇인가」에서는 책임과 자유의 문제를 거론하는 윤리적 결단을 읽을 수 있었다. 한두 편의 글로 강렬한 관심과 호감을 준 비평가는 그때까지 드물었다. 무엇보다도 비평가라는 타이틀로 문학에서 철학, 정치학 등에 이르는 방대한 사유를 자유자재로 펼쳐 보이는 가라

제자와 신도 사이

타니의 지적인 곡예와 테크닉은 더할 나위 없이 매력적이었다. 그때부터 내가 생각하고 꿈꾸는 비평은 거칠게나마 대략 이런 모습을 갖췄던 것 같다. 가라타니의 글을 처음 읽을 무렵의 내게 비평이란 어디까지나 문학비평이었다. 그때까지 문학비평에 특별히 불만이 있었던 것은 아니지만, 가라타니의 글을 읽고 나서 그 생각은 바뀌었다. 비평은 문학이든 철학이든 정치든 뭐든지 다 해볼 수 있는 사고실험의 장은 아닐까. 비평이 문학비평으로 한정될 필요는 없어 보였다. 돌이켜보면 그때부터 비평이나 이론을 본격적으로 읽기 시작했다.

그리고 가라타니를 처음 읽은 지 얼마 지나지 않아서 『일본근대문학의 기원』의 한국어 번역판(1997)이 출간되었다. 나는 사유의 곡예를 보여주는, 해체인지 구축인지 도무지 확정할 수 없을 정도로 어지럽고도 명석한 이 책을 생각이 무뎌지거나 할 때마다 읽었다. 그리고 그때부터 지금까지 나는 수십여 권에 달하는 가라타니의 책을 몇 번이고 읽고 또 읽었다. 이 정도라면 가라타니의 팬이라고 할만 했다. 팬심은 중독이지만, 대상이 탁월한 사상가라면 한번 빠져볼 만한 중독이었다. 한편으로 나는 가라타니의 『마르크스 그 가능성의 중심』을 읽고 나서 비로소 마르크스의 『자본론』을 읽을 수 있었다. 그렇게 내가 읽은 칸트와 마르크스는 가라타니의 칸트와 마르크스였다. 어쩌다가 문학비평가 행세를 하기 시작하면서 가라타니의 비평을 반박하는 비평이나 그의 신간에 대한 서평을 쓰기도 했다. 그러나 나는 어떤가. 나는 그의 사유로부터 자립했다고 할 수 있을까. 아니 자립을 명석하게 의식한 적이 있을까. 만일 그러한 의식을 성숙이라고 부른다면 나는 과연 성숙하다고 말할 수 있을까.

2

그런데 가라타니의 글을 '읽는다는 것'은 무엇인가. 가라타니는 '읽는다는 것'에 대해 이렇게 말하고 있다. 쓰는 것이 아니라 읽는 것이 비평의 시작이라고. "'작품' 이외의 어떠한 철학이나 작자의 의도로 전제

제자와 신도 사이

하지 않고 읽는 것, 바로 이것이 내가 말하는 작품을 읽는다는 것이다."(『마르크스, 그 가능성의 중심』) 얼핏, 독자반응이론을 강조하는 구절로 읽힌다. 그러나 그런 게 아니다. 독자반응이론으로 읽으면 인용한 구절은 가라타니가 비판하는 식의 '이론', 독자반응 '이론'이 되어 버린다. 그러나 "비평은 이론과는 다른 것이다. 그것은 이론과 실천 사이의 거리, 사유와 존재 사이의 거리에 대한 비판적 의식이다."(『일본근대문학의 기원』) 읽기는 불투명한 그늘을 동반하는 행위다. 저자가 쓰는 대로 독자가 읽지는 않는다. 어떤 경우 읽지 않으면 텍스트는 존재하지 않는다. 쓴 것을 읽더라도 그것은 저자의 의도를 배반한다. 그렇다고 마음대로 읽는 것도, 나의 정체성에 따라 읽는 것도 아니다. 그것은, 후기구조주의이론이 말하는 것처럼, 읽기가 쓰기라는 말도 아니다. 쓰는 것과 읽는 것 사이에는 근본적인 어긋남, 불투명성이 있다. 바로 이것이다. 그럴 때만 읽기는 '목숨을 건 비약'과 비슷해진다. 이러한 쓰기와 읽기 간의 불투명성은 『탐구』 I·II에서 어떠한 규칙도 전제하지 않는 타자

(외국인, 어린아이 등)와의 커뮤니케이션의 사례인 '가르치다-배우다'(팔다-사다) 사이의 비대칭적 관계로 확대될 때 동반되는 불투명성이기도 하다.

한편으로 '목숨을 건 비약'은 내가 말한 것을 타자가 내가 말한 바대로 듣지 않을 가능성(우연)에서 비롯된다. 타자에게 말할 때 나는 내가 말하고자 한 것을 말한다고 생각하지만, 타자는 내가 말한 것과 얼마든지 다르게 들어버릴 수 있다(필연). "야, 차車가 온다"라는 말은 "차를 타라!"로 들을 수도, "차를 피하라!"로 들을 수 있다. 단지 "저기 차가 오고 있군"과 같은 지시(사실)를 확인하는 발화일 수도 있다. 가라타니는 다만 축자적인 것과 비유적인 것, 지시적 발화와 수행적 발화의 구별불가능성이나 차이를 지적하는 게 아니다. 오히려 그 차이에서 비롯되는 인간조건의 한계를, 비극의 가능성을 명시한다. 만일 "야, 차가 온다"를 "차를 타라!"고 알아들었는데, 그것이 실제로는 "차를 피하라!"라는 명령이었다면? 그것을 '사전'에 알 도리는 없다. '사후'에서야 알게 된다. 안다는 것은 '뒤늦게' 안다는 것이며, 그것을 미리 앞지를

제자와 신도 사이

가능성은 없다. 나중에 가라타니는 『트랜스크리틱』에서 녹음된 자신의 목소리를 듣거나 자신의 사진을 볼 때의 낯설음에서 오는 '시차視差'의 경험을 피력한다. 그것 또한 사전과 사후 사이에 존재하는 불투명한 그늘에 대한 의식이다. 그러나 이것은 마냥 긴장된 자의식이 아니다. 오히려 그것은 사후에서 사전을 깨닫고 뒤늦게 후회하거나 사전에 사후를 미리 예측하려고 하는 자가당착적 의식에 가깝다. 가라타니에 따르면 인간은 그가 말하려는 것과 다른 것을 말하며, 그가 행하고자 하는 것과 다른 것을 행하는 존재다. "저들은 저들이 하는 일을 알지 못하나이다."(누가복음) 인간은 자기 자신과 어긋나는 차이이며, 거기서 숙명과도 같은 고통은 비롯된다. 그것을 체험한다는 것은 악몽이지만, 그것이 끔찍한 것은 깨어나도 악몽이 계속되기 때문이다. 초기의 가라타니의 글쓰기는 이러한 악몽으로부터 벗어나려는 절박한 몸부림이다.

그런데 이러한 자가당착적인 의식은 또한 의식의 자가당착을 의식하는, 의식의 악순환을 낳는 의식이다. 최악의 경우, 의식은 『은유로서의 건축』에서 말하는 것처럼, 축자적인 것과 비유적인 것, 지시적 발화와 수행적 발화가 서로를 배반하는 이중구속에 놓인다. "너, 내 명령 듣지 마"와 같은 이중구속의 사례를 보자. 우리는 축자적(지시적)으로 이 명령("너, 내 명령을 듣지 마")을 들어야할지, 비유적(수행적)으로 이 명령("너, 내 명령을 듣지 마"라는 명령)을 듣지 말아야할지 결코 결정하지 못한다. 그런데 가라타니에게 비평은 오히려 이중구속의 분열증에 위험스럽게 근접하면서 동시에 그로부터 멀어지려는, 제대로 앓아야만 치유할 수 있는 어떤 것이다. 그의 비평은 일인이역의 곡예다. 그것은 연기를 닮았지만 연기는 아니다. 병을 앓는 일이지만, 낭만주의자가 탐닉했던 유희는 아니다. 오히려 병은 다른 '시차'에서는 건강이다. 그러나 그것을 깨닫는 데는 한참의 시간이 걸릴 것이다. 그렇다면 일인이역의 곡예를 좀 더 구체적으로 살펴보자.

첫째, 사후에서야 사전을 깨닫고 후회하는 뒤늦은 의식이 있다. 가라타니의 데뷔작인 「의식과 자연:

제자와 신도 사이

소세키 시론」(1969)에서 '의식'과 '자연' 사이의 관계는 사후와 사전 사이의 불투명한, 전도된 관계다. 나쓰메 소세키의 소설은 뒤늦은 자, 뒤늦게 돌아온 자가 겪는 통한과 후회의 이야기다. 『마음』에서 선생이 제자에게 최후로 행하는 고백(유서)과 고백으로 존재하는 '나'란 젊은 시절에 연인을 두고 경쟁한 친구가 느닷없이 자살해버리는 사건이 벌어진 이후, 즉 사후事後/死後에 성립된 것이다. 고백에 의해 투명한 '나'라는 의식이 존재하는 것은 아니다. 고백의 비밀은 '의식'으로 회수되지 않는 '자연'에 있다. 선생의 유서(고백)는 그것을 읽는 제자에게 선생이 어떤 사람인지 알 것 같다가도 끝내 불투명한 수수께끼로 남을 수밖에 없음을 보여준다. 이것은 가라타니라는 '선생'의 글을 읽는 제자인 나에게도 마찬가지로 해당되는 일이다.

둘째, 그러나 의식은 '사후'를 알 수 없음에도 그것을 '사전'에 알려고 하는 욕망이기도 하다. 단적으로 그것은 예언자가 되려는 욕망이다. 연합적군사건을 모델로 쓴 「맥베스론」(1973)은 그런 얘기다. 무장한 연합적군대원들이 대원들의 사상을 검증하다가 서로를 죽이고 경찰에 의해 일망타진된 아사마산장사건(1972)을 겪고 난 후 신예비평가였던 가라타니는 전향을 하게 된다. 그러나 그의 전향은 공산주의를 포기하겠다는 자백이 아니라, 그것을 근본적으로 사고한다는 다짐이었다. 「맥베스론」에는 맥베스가 "왕이 될 것이다"라는 마녀들의 무의미한 지껄임을 '필연성'으로 받아들이고 그것을 실행하다가 파멸을 맞는 맥베스의 비참한 모습이 그려져 있다. 가라타니가 쓴 문장을 읽는다. "사건은 본디 어떤 현실적 계기도 근거도 없이 그들에게 들러붙은 '필연성'이라는 관념으로부터 생겨났다. 사람이 관념을 붙잡는 것이 아니라, 관념이 사람을 붙잡는다. 사람이 관념을 먹어 치우는 것이 아니라, 관념이 사람을 먹어 치운다."(「맥베스론」) 이 문장들은 맥베스뿐만 아니라 무장봉기로 '세계동시혁명'이 일어나리라 믿었던 연합적군에게 닥친 비극에 대한 진단이기도 하다.

가라타니는 예언에 집착하다가 파멸당한 맥베스를 비판함으로써 그와 멀어진 것처럼 보인다. 확실히

제자와 신도 사이

맥베스는 『마음』의 선생이 아니다. 그러나 가라타니 자신은 맥베스를 연기한 선생이 아니라고 말할 수 있을까. 마르크스의 가치형태론에 주목한 『마르크스 그 가능성의 중심』은 '파는 것'과 '사는 것'을 매개하는 화폐의 예정조화(예언)의 세계가 깨져버리는 순간(공황)의 분석에 몰두하고 있다. 가라타니는 이 책에서 「맥베스론」의 입장을 더욱 철저하게 밀고 나갔다. 하지만 그 자신도 언젠가는 독자가 아니라 저자로서 한번은 파는 입장(말하는, 가르치는 입장)에 설 수밖에 없지 않을까. 그것은 이론적으로는 공황이 온다면 상품을 팔수가 없다, 눈앞에 사는 사람이 있어도 팔수가 없다는 통찰이다. 그러나 실천적으로는 공황이 닥치면 상품을 팔수 없다는 것을 알면서도 상품을 팔기 위해 사는 사람을 찾아가야하는 맹목이다. '의식과 자연'의 악순환을 깨뜨리는 타자(사는, 듣는, 배우는 자)에게 다가가려는 목숨을 건 비약. 누군가를 가르치는 선생의 위치는 그렇게 주어진다. 결국 가라타니는 선생과 예언자 사이를 부단히 오고갈 수밖에 없다. 어느 쪽도 타자와의 대면을 피하기 힘들다.

읽는 것은 쓰는 것이며, 쓰는 것은 또한 살아가는 일이다. 마찬가지로 살아간다는 것은 누군가와 만나지 않을 수 없다는 의미이기도 하다.

3

돌이켜보면 가라타니의 글쓰기에는 근본적인 일관성이 엿보인다. 나는 거슬러 올라가 가라타니가 처음 지면에 발표한 「사상은 어떻게 가능한가」(1966)를 읽었다. 거기에는 비평의 존립근거를 되묻고 있는 가라타니 고진이라는 고유명이 있었다. 「사상은 어떻게 가능한가」는 이렇게 시작한다. "사상으로 불릴 가치가 있는 모든 사상은 자기가 상대화되는 한계지점에 대한 검증으로부터 시작하고 있다. 또는 사상가는 자기를 상대화하는 현실질서와 생활지평을 견뎌야 한다는 공포를 끝까지 지켜보려는 곳에서만 태어난다." 가라타니가 선배 문학가와의 '영향의 불안' 속에서 뽑아낸 키워드인 '명석' '자립' '성숙'은 한 비평가

제자와 신도 사이

가 동시에 취할 수 있는 세 입장이라기보다는 각각이 하나의 위치에서 다른 위치로 끊임없이 이동하는 입장변환(트랜스크리틱)에 대한 명명이다.

먼저, 가라타니에게 비평은 주어진 사상을 타자('현실질서와 생활지평')를 통해 상대화함으로써 '자립'하려는 노력이다. 그것은 글쓰기에서 '명석'한 전도로 나타난다. 가라타니에게 글쓰기는 각성과 망각, 전도와 도착을 부단히 오가는 작업이다. 이러한 이중의 작업은 때로는 그것이 비판하는 대상을 자기도 모르게 긍정해버려, 나와 나 아닌 것이 뒤섞이는 분열(병)을 낳는다. 그러나 가라타니는 병에 대한 의식을 유지하기 위해 병에 머무르는 아이러니를 취하는 대신에 그것을 메타초월적인 위치에서, "아무리 심각해도 그건 아무것도 아니야"라고 어른이 아이를 위로하듯이 긍정한다. 그렇게 이율배반을 현실로 긍정하면서 살아갈 수밖에 없다. 이것이 '성숙'이며, 유머다. 그러나 나는 이 글에서 자립이나 성숙보다는 '명석'에 주목해보고 싶다. '명석'은 가라타니의 글쓰기가 내게 매혹적이었던 첫 번째 이유였기 때문이다.

'명석'은 무엇보다 가라타니의 문체에서 확연해진다. 나카노 시게하루의 전향에 대한 글에서 가라타니는 나카노의 문체를 분석하는데, 그것은 내게 가라타니의 은밀한 자기고백으로 읽혔다. "그것들은 결코 애매하지 않다. 하지만 그것들은 불투명하다. 그러나 이 불투명함은, 논리의 결여에서 오는 애매함, 적당한 눈속임에서 오는 애매함이 아니라, 끝까지 짜낸 명석함이 필연적으로 동반하는 '그늘' 같은 것이다."(『유머로서의 유물론』) 가라타니는 여기서도 불투명한 그늘을 이야기하고 있다. 실제로 간명하고 추상적인 가라타니의 문체는 단순하고 명쾌해 보이지만, 읽고 나면 왠지 그 이전처럼 생각하기는 어려워지고 그때부터 내 머리는 견디기 힘들어진다. 마치 살짝 스치듯 날카로운 검에 베인 것 같지만, 돌이킬 수 없이 상처만 깊어지는 느낌이다. 그 순간에는 모든 것을 잊게 되고, 오직 생생한 아픔만이 팽창한다. 모든 것을 잊게 되는 읽기라는 '사건'만이 남는다. 내게 가라타니의 글을 읽는다는 것은 이러한 견디기 힘든 망각의 순간, 또는 사물들과 사태들의 항상적이고도 순조로운 흐름을 뒤집어놓는 전도에 대한 체험과도 같다. 책을 덮고 나면, 이 견디기 힘든 사고의 순간은, 곧 망각의 저편으로 사라져버릴 것만 같다. 뒤집혀진 일상은 어느새 제자리를 되찾으려고 분주히 움직이기 시작한다. 전도된 사태를 정상으로 되돌리려는 망각, 도착으로서의 일상이 일어선다.

따라서 비평은 비평의 (불)가능성을 가시화하는 전도를 쉼 없이 수행하는 일이다. 예를 들면 『일본근대문학의 기원』은 비평적 전도를 통해 '일본근대문학'이라는 '의식'의 원근법적 도착, 즉 고백, 풍경, 내면, 아동, 병이라는 '의미'를 해체한 작업으로 읽을 수 있다. 그러나 '가라타니에게 읽는다는 것'은 한편으로는 '가라타니를 읽는다는 것'이기도 하다. 이때 『일본근대문학의 기원』은 전혀 다른 텍스트가 된다. 말하자면 그것은 해체했다고 여겨지는 그것의 실제적인 내용을 온전히 드러내는 구성적 텍스트가 되는 것이다. 마찬가지로 『은유로서의 건축』처럼 자기지시적인 형식화에 내재한 이율배반을 드러내려는 작업이 가진 엄밀하게 구성적인 성격은 그 내부의 아포리아(이중구속)에 부딪쳐 해체될 위험에 처한다. 해체는 구축이며, 구축은 해체다. 이것은 아이러니가 아니라 역설이다. 나중에 이 역설은 이론이성과 실천이성이, 초월론적 이념의 규제적 특징과 구성적 특징이 쟁투를 벌이는 이율배반으로 확대된다.

4

 가라타니에게 '읽는다는 것'은 이처럼 자기지시적인 역설이다. 그것은 또한 '가라타니를 읽는다는 것'이다. '가라타니를 읽는다는 것'은 가라타니에게 가라타니를 읽는다는 것이며, 그러한 가라타니를 독자인 내가 읽는다는 것이기도 하다. 예를 들면 『탐구』에서 언표행위의 위치는 가르치는 자 곧 '선생'이다. 선생은 반복하는 사람이지만, 똑같은 것을 가르친다는 데서 은연중에 반복을 강조하는 사람이다. 선생은 선생 자신이 쓴 것을 읽는 존재, 자기가 말한 것을 반복할 수밖에 없는 존재다. 실제로 가라타니의 글쓰

제자와 신도 사이

기는 이전에 저자가 썼던 것의 나사의 회전과도 같은 반복이라는 인상이 들 때가 많다. 그런데 이것을 단순히 자기표절로 치부해야 할까. 그렇지는 않다. 그럼에도 반복은 무언의 강조를 불가피하게 낳게 마련이다. 무엇인가가 반복된다고 강조하는 선생, 그래서 앞으로 일어날 일조차 이전 것의 반복으로 말하려는 자, 이러한 선생은 또다시 예언자가 될 수밖에 없다.

『역사와 반복』이나 『문자와 국가』와 같은 저작이 주는 매력은 역사가 반복강박이라는 근본적인 인식에서 온다. 자크 데리다의 『마르크스의 유령들』처럼, 이 책들에는 망령과 축귀逐鬼가 가득하다. 가라타니에 따르면 역사가 반복된다는 것은 역사적 사건이 주기적으로 반복된다는 것이 아니라, 사건들이 반복되는 구조가 있다는 뜻이다. 가라타니는 근대 최초의 독재자인 보나파르트 황제의 등극(1850년대)이 1930년대 나치즘과 천황제 파시즘의 등장 속에서 반복되고, 그것이 다시 현실사회주의가 해체된 이후, 일본의 군사재무장화를 금지하는 헌법 9조를 폐기하려고 하면서 우경화를 진행시키는 1990년대 일본의 상황에서 반복되는 것을 본다. 거기에서 읽을 수 있는 것은 자본주의적 불황(공황)에 대처하는 자본(그리고 네이션+스테이트)의 반복강박이다. 그러나 역사적 사건의 반복에서 구조(반복강박)를 읽어내려는 가라타니의 통찰은 역사와 사건이 갖고 있는 일회성, 반복불가능성을 놓치는 것은 아닌가. 실제로 가라타니 자신은 메이지 45년과 쇼와 45년을 비교하는 등의 숫자놀이에 자신도 모르게 빠지는데, 그가 만든 도표는 그 자신이 시인했듯이, 일종의 예언이 되어 도쿄지하철을 공격한 옴진리교의 테러(1995)에 간접적인 빌미를 제공하기도 했다. 비록 해프닝에 가까운 에피소드라도 이것은 예언자 가라타니가 '사전'에 예상하지 못했던 '사건'이었다. 예언에 들린 옴진리교의 테러 또한 연합적군사건에 대한 '사후'적인 반복이었다. 가라타니가 「맥베스론」으로 오래 전에 벗어났다고 생각했던 예언자는 자신도 미처 알지 못한 방식으로 그 자신에게로 되돌아왔던 것이다.

따라서 가라타니의 대작magnum opus 『세계사의 구조』는 「맥베스론」의 반복이자 그에 대한 자기반성

제자와 신도 사이

적 참회로 읽을 수 있다. 「맥베스론」을 쓴 지 오십년이 지나 가라타니는 이렇게 말하는데, 거기에는 연합적군사건에 대한 기나긴 세월의 반향이 숨어 있는 듯하다. "마르크스가 헤겔을 전도시켰을 때, 역사를 끝난 것으로서가 아니라 미래에 무언가를 실현해야 하는 것으로 보게 된다. 그것은 '사후'에서 보는 입장에서 '사전'에 보는 입장으로의 이행이다. 그러나 '사후'의 입장에서 발견되는 필연성을 '사전'에 상정할 수는 없다. 필연성은 가상(이념)일 수밖에 없다. 즉 '사전'의 입장에 설 때, 어떤 의미에서 칸트의 입장으로 돌아가게 된다. 마르크스는 칸트를 무시했다. 하지만 '사전'의 입장이 강요하는 문제로부터 도망칠 수 없다. 예를 들어, 공산주의는 역사적 필연이라고 말할 수 없다."(『세계사의 구조』) 헤겔에게 사건은 그것이 일어난 후에야 비로소 의미를 파악할 수 있다. 미네르바의 올빼미는 황혼이 되어서야 날아가는 것이다.

세계동시혁명이 도래하리라 믿었던 『공산당선언』의 젊은 마르크스와 엥겔스처럼 젊은 가라타니도 혁명이 실패하고 나서야 비로소 그것이 실패할 수밖에 없었던 필연성을 통찰하기 전까지는 미래에 대해서 연합적군처럼 맹목이었을 것이다. '사후'의 입장에서 발견되는 필연성을 '사전'에 상정할 수는 없다. 필연성은 가상(이념)일 수밖에 없다. 여기에 가라타니의 오래된 이론적 전회의 강력한 첫 표현이 있다. 연합적군은 혁명의 필연성을 가상(이념)이 아니라 실체(실정성)로 여겼던 것이다. 세계동시혁명은 규제적 이념이지 구성적 이념이 아닌 것이다. 한편으로 헤겔에서 칸트로의 전회는 '사후'에서 '사전'으로의 전회이며, 그것은 가라타니에게도 마찬가지다. 「맥베스론」의 가라타니가 헤겔주의자라면, 『마르크스, 그 가능성의 중심』 이후의 가라타니는 헤겔에서 마르크스로 전회한 가라타니다. 그가 하나의 '텍스트'로서 마르크스를 읽었던 일은 마르크스에게서 혁명의 예언, 즉 필연성을 따지는 것이 아니었다. 그것은 오히려 자본주의라는 필연성이 어떻게 '우연적으로' 구축되었는가에 대한 사유다. 역사는 필연(의식)이 아니라 우연(자연)이다. 거기에는 이미 헤겔에서 칸트, 사후에서 사전으로의 전회가 내포되어 있다. 그러나 역사가 우연이라는 것은 역사에 대해 개방적이고도 유연한 사유를 이끌어낼 수는 있지만, 역사와 결별하려는 포스트모더니즘의 함정을 피하기는 어렵다. '역사는 끝났다'고 말하는 포스트모더니즘은 오히려 포스트모더니즘이 비판했던 헤겔주의에 불과하다. 헤겔의 '역사의 간지'란 그런 뜻이다. 그 자신이 여러 번 불질러놓은 교착상태를 돌파하기 위해 가라타니는 다시금 필연성을 맞불로 놓고 사유할 수밖에 없었다. 그러나 그것은 혁명의 필연성으로 되돌아가려는 것은 아니다.

이천 년대에 들어서 가라타니가 마르크스의 선구자로 헤겔이 아니라 칸트를 사유하기 시작한 것도 그 때문이다. 그런데 그것은 '사전'의 입장으로 되돌아가는 것이기도 하다. 칸트에게 필연성은 이런 뜻이다. '사전'의 입장이 강요하는 문제로부터 도망칠 수 없다. 이것이 가라타니의 이론적 전회의 두 번째 강력한 표현이다. 미래에 공산주의가 실현된다는 것은 예상할 수 있는 것이지, 적극적으로 판정할 수 있는 것은 아니다. 공산주의는 규제적 이념이지 구성적 이념이 아니다. 그럼에도 공산주의는 '억압된 것의 회귀'로서의 필연성이어야만 한다고 말할 때, 가라타니는 또다시 선생이 아니라 예언자가 되려는 것 같다. 『세계사의 구조』에 대한 대담에서 가라타니는 이렇게 말한다. "저는 이번 책에서 미래에 대해 쓰려 했습니다. 이전에는 저 자신도 그랬습니다. 미래에 대해 이야기하는 것은 반동적인 것이라는 식으로 이야기했었어요." (『『세계사의 구조』를 읽는다』) 이처럼 가라타니는 '쓰는' 입장이 아니라 '읽는' 입장, 자신의 사상을 '파는' 입장에 다시 한 번 설 수밖에 없다. 그는 추첨제(제비뽑기)와 시민통화 등 구성적 이념을 실천적으로 도모하면서도 이론적으로는 그것을 부정하기 일쑤였다. 그러나 내게 가라타니가 비평의 영웅으로 생각될 때는 그가 규제적 이념으로서의 공산주의를 다소 공허하게 강조할 때보다는 가끔 무모해 보이더라도 구성적 이념에 골몰할 때였다. 슬라보예 지젝은 그러한 가라타니를 '미친' 영웅이라고 부른 적이 있다. 여하튼 가라타니는 이론과 실천, 축자와 비유, 지시적 발화와 수행적 발화, 규제적 이념과 구성적 이념을 부단히 오간다. 나는 이것을 트랜스크리티컬한 '이동'이라고 불러야 할지, 이동의 '반복'이라고 해야 할지 모르겠다. 선생이 예언자가 되면 제자도 신도가 될 위험이 크다. 내 생각에 선생도 예언자도 아닌 상태에서 최악의 수행적 효과를 낳은 가라타니의 글은 「근대문학의 종언」이었다.

    내가 문학비평을 시작하던 2005년 무렵에 가라타니는 '문학은 끝났다'라면서 근대문학의 종언을 선언했다. 이것은 그저 '근대문학은 끝났다'라는 축자적 진술처럼 보이지만, 가라타니 자신이 불을 지피는 방식으로 수행적 효과를 낳았다. 그에 따라 한국에서도 가라타니를 옹호하거나 비판하는 입장이 나누어지게 되었다. '근대문학의 종언'은 문학이 더 이상 가능하지 않다는 말이 아니다. 다만 문학이 정치나 사회와 맺고 있는 이전의 밀접한 관계가 불가능해졌으며, 문학은 오락 비슷한 것이 되었다는 뜻이다. 앞으로도 그러리라는 것이다. 그리고 바로 그때, 나는 가라타니가 반복을 가르치는 선생을 그만두고 예언하는 교주가 되었다고 생각했다. 결국 '종언'(끝)도 반복되기에.

나의 가라타니 고진 읽기

그러나 내가 따르는 비평가 가라타니는 끝을 적극적으로 상정하는 것이 픽션에 불과하다고 말했던 가라타니였다. "마지막 순간이란, 또는 극한상황이란 언제나 픽션이므로."(『유머로서의 유물론』) 그런데 '문학을 떠나서 생각하라!'고 가라타니가 말할 때, 그의 목소리는 제자가 아닌 신도에게 행하는 주문呪文처럼 들렸다. 그 무렵 나는 내가 쓴 글에서 '근대문학의 종언'을 문제 삼았으며, 가라타니가 선생이길 그만두고 조악한 예언자가 되었다는 심중으로 그의 생각을 거절했다. 단지 그가 끝났다고 생각하는 문학을 내가 시작했기 때문에 그렇게 한 것만은 아니었다.

「근대문학의 종언」에는 가라타니 특유의 이율배반적 긴장감이 거의 사라져보였다. 가라타니에게 이율배반은 그가 프롤레타리아트 독재의 사례로 들었던 추첨제를 고안할 경우 또는 LETS와 같은 시민통화를 구상하는 경우, 즉 그가 이성의 구성적 사용에 관심을 적극적으로 피력하는 데에서도 유지된다. 투표제를 대신하는 추첨제는 "중심이 없어서도 안 되며 있어서도 안 된다"(국가가 없어서도 안 되며 있어서도 안

제자와 신도 사이

된다)라는 이율배반적 인식에서 비롯된다. 시민통화 또한 "화폐가 없어서도 안 되며 있어서도 안 된다"라는 이율배반을 의식하는 상태에서 제출된 것이다. 마찬가지로 문학을 대하는 태도에도 이율배반이 있다. "문학을 떠나서도 안 되며 문학에 머물러서도 안 된다."「근대문학의 종언」이전에 가라타니는 문학에도 이율배반이 있을 수 있다고 생각했던 것 같다. 예를 들면 『일본정신의 기원』에는 비평과 소설이 나란히 묶여 있다.「투표와 제비뽑기」에 기쿠치 간의「투표」가,「시민통화의 작은 왕국」에는 다니자키 준이치로의「작은 왕국」이 대응된다. 이 소설들은 가라타니의 사유를 위해 동원된 수단이 아니라, 가라타니 사유의 근저에 놓여 있는 작품들이다. 가라타니는「시민통화의 작은 왕국」에서 "문학은 어떻게 상품인 동시에 예술일 수 있는가"라고 질문하면서 비평의 근거를 되묻는다. 그렇다면 가라타니가 다음과 같이 제안했던 적극적인 사고실험은 '문학의 종언'보다 더 중요한 것은 아닐까. "나는 시민통화에 의해 '비평'이 회복될 것이라고 생각한다. 만약 어떤 문학 작품을 제작비에 해당하는 가격(현금)으로 사고, 읽은 뒤에 작품에 대한 평가로서 이를테면 '행하'(行下, 시민통화)를 지불한다면 예술적으로 평가된 작자는 더욱 많은 시민통화를 획득할 수 있다. 그 결과 상업적 가치와 예술적 가치가 특별히 괴리되거나 배반하거나 하는 일은 없어진다."(『일본정신의 기원』) 내가 아는 한 한국문학의 장에서 아직 이런 사고실험이 실제로 시도된 적은 없다. 가라타니의 제안은 비평이 작품의 광고로 전락하는 '비평의 죽음'을 넘어설 수 있는 한 가지 방법이겠다. 그것은 "문학을 떠나서도 안 되며 문학에 머물러서도 안 된다"라는 이율배반을 자각하는 데서 비롯된 제안이다.

가라타니를 '읽는' 독자라면, 이러한 이율배반을 의식하는 일 말고는 다른 선택지는 없다. 문학비평가로서의 가라타니와 문학비평을 포기한 가라타니를 나누는 것은 이율배반의 어느 한쪽을 간단히 소거해버리는 꼴이다. '가라타니 고진, 그 가능성의 중심'에서 비평이나 사유를 실행하려는 사람이라면, 그는 이러한 이율배반을 의식할 수밖에 없으리라.

제자와 신도 사이

5

지금까지 나는 선생 가라타니의 제자를 자처했다. 그런데 소설가나 시인이 아닌 어떤 사상가나 비평가에 대해 글을 쓴다는 것은 그와의 만남과 결별의 예감을 동시에 내포하는 것이기도 하다. 『일본근대문학의 기원』이 내게 첫 만남이라면, 대담집 『정치를 말하다』와 같은 가라타니의 자전적인 텍스트는 이별에의 예감이다. 이 텍스트에는 자본-국가-네이션에 대항한다는 모토로 세운 NAM(신연합운동)을 가라타니가 직접 해산시키게 된 저간의 사정이 쓰여 있다. 나 또한 팬심으로 가입한 적 있었던 NAM은 실제로 가라타니의 '팬클럽'이 되어버렸던 것이다. 팬클럽이라는 자기중독증상에서 헤어 나오지 못할 때, 이론이든 실천이든 과감히 버려야 한다는 것이 가라타니의 생각이다. 가라타니의 비유를 빌리면, 애인이 생겨 지긋지긋한 결혼생활을 끝내는 것보다 차라리 이혼하고 애인을 찾는 것이 더 낫다. 새로운 가능성(애인이 생길 가능성)은 그렇게 열린다. 보통 교주가 자신에게 자발적으로 모여든 신도를 강제로 해산시키는 법은 별로 없다. 그러나 아차, 싶었다. 혹시 내가 교주로 변해가는 가라타니를 거부한다고 말했을 때, 나는 그의 제자였을까 신도였을까. 제자는 언젠가는 선생을 떠나야 하며, 선생은 자신을 떠나지 않으려는 제자를 부담스러워 해야 한다. 또한 선생을 배반하지 않으려는 제자는 제자가 아니라 그를 추종하는 신도가 되거나, 선생은 선생을 배반하지 않는 제자를 신도로 붙잡아 두면서 교주가 된다. 그렇다면 선생의 가르침을 교주의 예언으로 들은 제자는 명석한 제자가 아니라 실제로는 아둔한 신도였던 것은 아닐까. 혹시 나는 선생 가라타니의 가르침을 예언자 가라타니의 교시敎示로 받들어 모신 것은 아니었을까. 선생을 떠날 때를 인식하는 것이 선생을 배반하는 일은 아니다. 오히려 그것은 교주가 신도를 과감히 해산시키는 일처럼 용기와 결단을 필요로 한다. 어설픈 사람만이 충성과 배반을 제멋대로 헷갈려한다.

제자와 신도 사이

　가라타니의 텍스트를 읽는다는 것은 가라타니를 어설프게 모방하거나 닮으려는 글쓰기일 수는 없다. 그렇게 되면 가라타니는 수많은 이론이라는 상품 가운데 하나에 불과하게 되고 나는 그저 이론이라는 상품의 소비자가 된다. 소비자는 '자연' 앞에 주어진 개체로서의 나라는 '의식'에 불과한 존재다. 가라타니를 상품으로 취하는 그 순간부터, 나는 다시 '자연'으로 떨어져버리고 말 것이다. 가라타니의 단독자나 고유명은 이 위험상태에 대해 끊임없는 주체적인 자각을 하면서 있을 수도 있는 자각의 실패에 대해 책임을 방기하지 않는 '이'나다. 가라타니 고진의 텍스트라는 상품을 소비한다(읽는다)는 의미를 넘어선다면, 그때부터 가라타니를 읽는다는 것은 결국 가라타니를 읽는 "'이' 나란 무엇인가"라는 질문을 스스로에게 던지는 행위일 수밖에 없겠다. 가라타니 고진을 읽는다는 것은 내겐 그런 뜻이다.

가능한 문학

근대문학의 종언, 그 너머

조영일

가능한 문학

1

 가라타니 고진이 비교적 최근에 발표한「문학이라는 요괴」라는 글의 초고는『가라타니 고진과 한국문학』의 일본어판 출간을 기념하여 가진 합동강연[1])에서 행해진 강연이다. 이 글은 한 문예지가 기획한 〈근대문학의 종언 재고〉 특집에「실험으로서의 비평」이라는 필자의 글과 함께 수록되었다.[2])

 가라타니는 삼십 년 가까이 한국과 일본을 오갔다. 그런데 그와 교류한 한국문인들로서는 조금 어이가 없겠지만, 특별히 한국문학에 관심이 있어서가 아니었다. 다시 말해 흔히 오해되는 것처럼 무라카미 하루키로 대표되는 당대의 일본문학에 실망한 나머지

---

1) 나가이케長池강의, 2019년 12월 1일.
2) 柄谷行人,「文学という妖怪」,『文学界』, 2020年 3月号.

근대문학의 종언, 그 너머

일종의 대안으로서 한국문학에 주목한 것이 아니었다.

> 실제 나는 아주 오랜 전부터 문학비평에 대한 관심을 잃어버렸습니다. 그저 사람들과의 의리 때문에 마지못해 하고 있었을 뿐입니다. 나카가미 겐지와 같은 시끄러운 남자가 있었고, 오랫동안 알고 지낸 편집자들이 글을 달라고 보챘습니다. 80년대 이후로는 문학평론을 거의 쓰지 않게 되었는데, (중략) 결국 1999년을 끝으로 전부 그만두었습니다. 따로 할 일이 있었기 때문입니다. 마지막으로 편집을 하던 『비평공간』도 그만두었습니다. 「근대문학의 종언」을 쓴 것은 그 후입니다.
>
> 21세기에 들어서서 내가 한국의 문학자와 교류를 하지 않게 된 것은 애당초 일본에서도 문학자와 교류를 하지 않게 되었기 때문입니다. (중략) 나는 조영일 씨의 이야기(한국의 중요한 문학인들과 교류했다는 사실―인용자)를 듣고 약간 놀

가능한 문학

랐습니다. 한국문단과 사귄 기억이 없기 때문입니다. 예를 들어 김우창 씨는 80년대에 미국에서 알게 된 인물로 (중략) 문단적 당파성을 초월한 인물이었습니다. (중략) 이후에도 그는 문학과 직접 관련이 없는 문제로 초대해 주었습니다.

또 『녹색평론』이라는 잡지를 내고 있던 김종철 씨는 내가 2000년대에 오사카에서 시작한 NAM 운동에 관심을 가지고 초대해 주었습니다. (중략) 그 후 나를 한국에 초대한 것은 부산의 인디고라는 젊은 세대의 새로운 활동가들입니다. 이런 이유로 나는 2000년 이후에도 한국을 오갔지만 '한국문학'과는 무관했습니다. 그러므로 『가라타니 고진과 한국문학』을 읽었을 때 모르는 일만 가득 쓰여 있어서 놀랐습니다.[3]

이것은 기묘한 이야기가 아닐 수 없다. 그는 나카가미 겐지의 유지遺志를 받들어 한국문학인들과의 교류에 적극 나섰고 한국의 여러 문학그룹과 만났다.[4]

---

3) 柄谷行人,「文学という妖怪」, 235-236頁, 강조는 인용자.

근대문학의 종언, 그 너머

그럼에도 그는 한국문단과 교류한 적이 없다고 말하면서 『가라타니 고진과 한국문학』에 기록된 내용을 모르는 일이라며 발뺌을 하고 있다.

 이를 어떻게 받아들여야 할까? 『가라타니 고진과 한국문학』에 쓰인 것은 전부 허구일까. 아니면 그가 거짓말을 하고 있는 것일까. 사실 나는 이 책에서 중요하게 다루고 있는 〈한일작가회의〉[5]에 참여한 적이 없다. 이 회의에 참가한 이들이 남긴 글을 읽고 재구성한 것에 불과하다. 하지만 한국 측 인원으로 참석한 경험이 있는 이에게 당시의 상황을 비교적 정확히 묘사하고 있다는 말을 들었고, 몇 년 전 도쿄의 한 술집에서 만난 일본의 신문기자로부터 당시 한일작가회의를 취재한 이야기를 들을 수 있었다. 이를 종합하건대 그것은 분명 있었던 사건이었다.

 하지만 가라타니는 무관심한 태도로 마치 그 자리에 없었다는 식의 태도를 취한다. 그렇다면 당시 한국의 문학인들이 만난 가라타니 고진은 유령이었을까?

---

4) 자세한 내용은 『가라타니 고진과 한국문학』 참조.
5) '한일문학심포지엄'으로 불리기도 한다.

가능한 문학

이런 부인 또는 망각을 이해하기 위해서는 그의 글에서 종종 등장하는 기억착오에 주목할 필요가 있다.[6] 실제로 그는 「근대문학의 종언」이라는 글을 둘러싼 기억착오에 대해 이야기하고 있다.

그의 기억에 따르면 「근대문학의 종언」을 쓴 계기는 80년대에 이미 문학에 대한 관심이 사라졌지만 이런저런 이유로 문학 관련 청탁이 계속 들어오자 귀찮은 마음에 "문학을 떠났다"고 선언한 것에 지나지 않았다. 다시 말해 그 글은 무언가를 적극적으로 주장하기 위해 쓴 것이 아니었다. 따라서 『와세다문학』의 편집자가 이 글에 대한 반론을 게재하여 '논쟁적 상황'을 만들자고 제안했을 때 쓸데없는 짓을 하지 말라며 화를 냈던 것이다.

하지만 그럼에도 불구하고 이 글은 한국어만이 아니라 영어, 프랑스어로도 번역되어 꽤 많은 화제를 모았다. 그런데 정작 가라타니는 이런 반응들에 대해 특별히 신경을 쓰지 않았다. 그러다 『가라타니 고진과

---

[6] 이 문제는 「실험으로서의 비평」(『한국문학의 구조』, 비고, 2022에 수록)에서 다룬 바 있다.

한국문학』의 일본어판 출간을 계기로 다음과 같은 사실을 깨닫게 된다.

> (『가라타니 고진과 한국문학』을: 인용자) 다시 읽었을 때 나는 자신의 기억착오를 하나 발견했다. 거기에 나오는 연보를 보면, 나는 2003년 10월 「근대문학의 종언」이라는 강연을 오사카시에서 행했던 것이다. 즉 이것은 급하게 쓴 것이 아니라 훨씬 이전부터 생각해온 것이었다는 의미다.[7]

기억착오, 이것은 가라타니의 텍스트를 읽을 때 매우 중요한 요소라 할 수 있는데, 왜냐하면 어떤 의미에서 그의 저작은 이런 착오의 연속으로 이루어져 있다고 해도 과언이 아니기 때문이다. 그리고 이것은 소위 가라타니 사상 내지 가라타니 문학관을 깔끔히 정리하고자 하는 사람들을 당혹스럽게 만드는 요소이기도 하다. 따라서 그가 다음과 같이 말했을 때, 지난 시절 '근대문학의 종언'에 과민반응을 보인

---

7) 柄谷行人, 「文学という妖怪」, 233頁, 강조는 인용자.

가능한 문학

사람들은 허탈해할지도 모른다.

> '근대문학의 종언'이라는 말은 '근대문학의 기원'이라는 말과 대응하는 것입니다. 그렇다면 그것은 무엇을 의미하는 것일까요. 실제로는 '근대문학'이 끝난 게 아닙니다. 그 반대입니다. 그것이 구석구석까지 침투한 상태입니다.[8]

이제까지 한국의 문학인들은 가라타니가 근대문학이 끝났다고 주장한 것으로 이해했다. 그래서 어떤 논자는 '(근대)문학의 갱신'을 이야기하기도 하고 어떤 논자는 '근대문학 이후의 문학'을 이야기하기도 했다. 즉 가라타니의 주장에 일정 정도 공감하면서도 그것을 넘어서는 새로운 문학을 설정하려고 노력했다. 하지만 가라타니의 입장에서 보면, 그런 것 역시 '근대문학'에 지나지 않았다. 심지어 라이트노벨도 예외는 아니었다.[9] 어쨌든 '근대문학의 종언'을 둘러

---

8) 柄谷行人,「文学という妖怪」, 233頁, 강조는 인용자.
9) 물론 아즈마 히로키는 라이트노벨을 근대문학과 근본적으로

근대문학의 종언, 그 너머

싼 반응은 다양했지만, 그럼에도 불구하고 "문학은 여전히 중요하기에 보호되어야 한다"로 수렴되었다.

하지만 가라타니가 말하는 '근대문학의 종언'은 오히려 근대문학만 생산되는 사태를 가리키는 것이었다. 즉 여기서 종언이란 엄밀한 의미에서 근대문학의 종언이 아니라 근대문학이 아닌 문학의 종언을 뜻했다. 오늘날 문학은 너무나 당연한 것으로 존재한다. 하지만 가만히 살펴보면 그것을 뒷받침하는 것은 문학 자체라기보다는 '제도'(이해관계의 연합체)라는 사실을 쉽게 알 수 있다. 이는 오늘날의 문학이 가진 부자연스러움을 잘 보여주고 있다.

90년대를 전후로 문학가들이 대거 교육계(대학)에 진입하고, 국가가 적극 문인을 지원하기 시작했다. 80년대만 해도 국가와 이해관계를 가지는 문학인은 어용 취급을 받았다. 그리고 베스트셀러 작가들도 대중과 야합했다는 이유로 비난을 받았다. 하지만 지금은 이것들이 문학적 능력을 보여주는 객관적인 지표로 간주된다. 오랫동안 시장이나 국가와 불편한

구별되는 새로운 문학으로 본다.

가능한 문학

관계를 유지하면서 발전해온 문학이 언제부터인가 시장과 국가에 의존하게 된 것이다. 따라서 이제 문학계의 주요논제는 시장에서의 성공과 국가나 지자체의 지원, 그리고 예술가(?)의 복지가 되었다.

하지만 이런 문학이 등장한 것은 기껏해야 백여 년 전에 불과하다. 가라타니가 다음과 같이 강조한 것도 그 때문이다.

> 문학이 중요하다고 생각하고 있는 사람은 이젠 적습니다. 그러므로 굳이 내가 말하고 다닐 필요도 없습니다. 오히려 문학이 매우 커다란 의미를 가졌던 시대가 예전에 있었다는 사실을 말하고 다닐 필요가 있습니다.[10]

문학이 사회에서 차지하는 위치는 역사적으로 볼 때 매우 유동적이었다. 특별한 대접을 받은 때도 있지만, 대부분의 경우는 그렇지 못했다. 따라서 예술가라

---

10) 가라타니 고진, 『근대문학의 종언』, 조영일 옮김, b, 2006, 43-44쪽, 강조는 인용자.

는 지극히 근대적인 명명을 통해 문학에 어떤 본질적 중요성이 담겨있는 것처럼 이야기하는 것만큼 낯간지러운 일도 없다. 한 사회에서 문학가가 차지하는 위치는 다른 직업보다 크지도 작지도 않다. 아니 어쩌면 더 작을지도 모른다.

잊을 만하면 사람들은 책(문학)을 읽지 않는 것을 마치 큰 문제라도 되는 것처럼 이야기하지만, 문학을 꼭 즐겨야 한다는 발상 자체가 오히려 예외적인 것에 가깝다. 인생에서 문학 같은 것은 필수가 아닌데, 그도 그럴 것이 사실상 매우 특별한 환경에 있는 사람들이 즐기는 취미에 가깝기 때문이다. 아니 애당초 "삶을 사랑하는 사람은 책을 읽지 않는다."[11] 문학이 없어도 생활하는 데 아무 문제가 없지만, 오늘 올 택배가 오지 않으면 곤란한 일이 아닐 수 없다.

토마스 만은 「토니오 크뢰거」에서 시민적 삶과 예술가적 삶의 대립을, 그리고 두 세계의 갈림길에서 고뇌하는 주인공을 그렸다. 토니오에게 예술가가 된

---

[11] 미셸 우엘벡, 『러브크래프트』, 이채영 옮김, 필로소픽, 2021, 44쪽.

가능한 문학

다는 것은 안정된 시민적 삶을 포기한다는 것을 의미했다. 그리고 자신의 선택이 성공으로 끝나든 실패로 끝나든 그에 대한 책임을 지겠다는 각오였다. 물론 그럼에도 불구하고 토니오는 안락한 시민적 삶에 미련을 버리지 못하고 한동안 주위를 맴돈다. 하지만 정작 시민들은 이런 토니오의 고뇌 따위에는 아무런 관심도 없었다.

한때 한국의 문학가들이 이 작품에 크게 공감한 것은 주인공에게서 자신의 모습을 발견했기 때문일 것이다. 하지만 이제는 굳이 어느 하나를 포기할 필요가 없는 시대다. 아니 두 가지 모두를 얻은 사람이야말로 성공한 예술가로 간주된다. 가방끈을 늘리기 위해 애쓰는 것도 그 때문이다. 오늘날 한국의 토니오들은 북쪽 나라로 향하지 않고 대학원에 진학한다. 모두가 예술가 선생을 꿈꾸는 것이다.

문학가는 지하생활자가 아니라 반지하생활자에 가깝다. 즉 지상과 지하 사이의 긴장을 원천으로 삼는다. 그들은 부르주아가 아니지만 그렇다고 해서 프롤레타리아도 아니다. 하지만 선택권이 있다는 점에서 그들이 경험하는 곤란함(예를 들어 가난)이란 특별히 부끄러워할 일도 그렇다고 자랑스럽게 떠벌릴 일도 아니다. 즉 반지하생활을 특권화하여 예술 같은 말로 그것을 포장하는 것만큼 우스운 일도 없다. 적어도 토니오에게는 특권화된 반지하 같은 것은 존재하지 않았다.

작가의 경제적 곤궁을 해결하는 방법은 크게 두 가지다. 부르주아에게 호소하거나 프롤레타리아로서 일을 하는 것이다. "예술가가 소를 키우면 예술은 누가 하느냐"고 묻는 사람이 있을지 모른다. 하지만 애당초 삶보다 중요한 예술 같은 것은 존재하지 않는다. 예술은 삶의 일부이지 그 반대가 아니기 때문이다. 예술을 핑계로 삼는 구걸이 비윤리적인 이유는 여기에 있다.

2

가라타니가 쓴 『일본근대문학의 기원』(1980)은 어떤 이들의 주장처럼 베네딕트 앤더슨의 『상상의 공동

가능한 문학

체』(1983)의 영향을 받은 책도, 또 필립 아리에스의 『아동의 탄생』(1960)을 읽고 쓴 책도 아니다. 이 책에 영향을 끼친 것을 굳이 찾자면, 나카무라 미쓰오의 『메이지문학사』(1959)와 야나기타 구니오柳田國男의 『아이 풍토기こども風土記』(1942) 등을 들 수 있을 것이다. 전자가 밑그림을 제공했다면, 후자는 그 내용을 제공했다고 할 수 있다. 실제 가라타니는 『일본근대문학의 기원』을 「야나기타 구니오 시론」(1974)의 연장선상에서 썼다고 명확히 이야기하고 있다.[12]

따라서 그가 『탐구』, 『트랜스크리틱』, 『세계사의 구조』, 『제국의 구조』, 『철학의 기원』을 거쳐 다시 야나기타 구니오로 돌아온 것[13]은 어떤 의미에서 『일본근대문학의 기원』으로 되돌아온 것으로 볼 수 있다. 그리고 지금 살펴보고 있는 「문학이라는 요괴」라는 강연문도 정확히 이 맥락에 위치하고 있다.

---

[12] 가라타니 고진, 『세계사의 실험』, 조영일·윤인로 옮김, 비고, 2021, 21-22쪽 참조.
[13] 『유동론』과 『세계사의 실험』은 일종의 야나기타 구니오론이라 할 수 있다.

근대문학의 종언, 그 너머

그렇다면 그가 말하는 '문학이라는 요괴', 바꿔 말해 '요괴로서의 문학'이란 무엇일까? 이는 그가 최근 자주 이야기하는 '르네상스적 문학'과 깊은 관계가 있다. 여기서 우리는 바흐친이 이야기하는 카니발적 세계관이나 밀란 쿤데라가 말하는 세르반테스의 절하된 유산을 떠올릴 수 있을 것이다. 주의할 점은 그것이 시대적 구분이나 인식론적 단절 같은 것과는 무관하다는 사실이다.

즉 가라타니는 근대 이전과 근대를 나누고 전자를 특권화하지 않는다. 이는 소세키를 높이 평가하며 '18세기 문학'을 이야기했을 때도 마찬가지였다. 이를 이해하기 위해서는 그가 말하는 '르네상스'라는 표현에 주목할 필요가 있다. 왜냐하면 그것은 일반적인 이해와 약간 거리가 있기 때문이다.

> 내가 말하는 '르네상스'는 통상적으로 이야기되는 것과 다릅니다. 근대임과 동시에 전근대인 시대를 의미합니다. 또는 문명적이고 미개적이라고 해도 좋습니다. (중략) 르네상스적인 것은 교

가능한 문학

환양식C가 확대되어 가지만 그와 동시에 A가 농후하게 남아있는 상태라고 말할 수 있습니다. 이전에는 근대적이고 전근대적이라는 표현을 사용했지요.[14]

  이에 근거하여 이해하자면 그가 끝났다고 생각한 근대문학이란 'B+C(국가와 자본)로서의 문학'이다. '근대문학의 종언'이 실은 근대문학의 완성을 의미한다고 했을 때, 그것은 국가의 지원을 당연하게 생각하고(예술의 특권화), 많이 팔리는 것을 문학성의 증거로 간주하고(유행의 추종), 해외의 반응에 집착할 때(국가적 자부심) 완성된다고 볼 수 있다. 이런 문학이란 확실히 '문명화된 문학'으로, 이것이 향하는 목표는 문화국가L'État culturel일 것이다.

  문화국가는 프랑스 역사가 마르크 후마로리Marc Fumaroli가 쓴 책의 제목이기도 한데, '근대의 종교에 대한 에세이'라는 부제에서 짐작할 수 있는 것처럼,

---

14) 大澤真幸, 『戦後思想の到達点: 柄谷行人/見田宗介、自身を語る』, NHK出版, 2019, 40頁.

근대문학의 종언, 그 너머

저자는 과거에 종교가 맡은 역할을 오늘날에는 문화(예술)가 맡고 있다고 주장한다. 그런데 종교가 국가권력과 관계를 맺는 순간 본래의 모습을 잃는 것처럼 예술 역시 국가정책의 일환이 되는 순간 지지부진해지기 마련이다. 지원발로 잠시 흥행은 할 수 있겠지만.

오늘날 문화가 근대의 종교라면, 그것에 종사하고 있는 소위 예술가들은 일종의 성직자(일반인과 구별된 존재)라 할 수 있는데, 이들이 믿는 것은 아마 국가(성부), 상품(성자), 예술(성령)이라는 삼위일체일 것이다. 1871년 니체는 비스마르크가 주도하는 문화정책에 대해 이렇게 쓴 바 있다. "새로운 현상이다! 국가가 문화를 인도하는 별이라니."

이에 반해 미개함으로 가득한 르네상스적 문학은 항상 질문을 던지며, 독자에 영합하지 않으며, 제도에 예속되기를 거부한다.

> 현재, 나는 '근대와 전근대'라는 관점을 가지고 있지 않다. 그것을 '교환양식'의 관점에서 보고 있다. 그러면 사실주의, 자연주의, 낭만주의라고

가능한 문학

불리는 '근대문학'이란 교환양식C의 우위에서 성립한 세계라고 말할 수 있다. 그에 반해 '르네상스적 문학'이란 C의 우위에서 성립함과 동시에 억압된 A를 회복함으로써 그것에 대항하는 것이라고 말할 수 있다.[15]

사실 가라타니가 편애하는 문학가들(후타바테이 시메이, 나쓰메 소세키, 모리 오가이, 사카구치 안고, 나카가미 겐지, 최근에는 시마자키 도손 등)은 모두 르네상스적 문학이었다고 말할 수 있다. 하지만 '교환양식C로서의 근대문학'이 확대될수록(여기에 교환양식B가 유독 강화된 것이 한국문학이다) 그것은 위축되어 갈 수밖에 없었다. 1980년대에 나카가미 겐지와 쓰시마 유코 등에 의해 잠시 되살아나는가 싶었지만(가라타니는 여기에 일말의 기대감을 가졌다), 1990년대에는 그마저도 사라지게 된다.

여기서 우리가 주목할 점은 가라타니가 한국과 교류하게 된 계기가 바로 나카가미 겐지의 죽음으로

---

15) 柄谷行人,「文学という妖怪」, 234頁.

근대문학의 종언, 그 너머

상징되는 '일본근대문학의 종언'이었다는 사실이다. 사실 한국문학에 관심이 없었다는 주장은 말실수 같은 것이 아니다. 실제 그가 한국문학에 대해 쓴 글이라고 해봐야 윤흥길의 「장마」론과 한일문학심포지엄에서 발표한 「한국과 일본의 문학」 정도에 불과하다. 따라서 "가라타니가 한국문학계의 상황을 잘 알지도 못하면서 한국문학의 종언을 운운한다"는 비판은 나름 정당하다. 하지만 진단이 의미를 가지는 것은 진단행위 자체가 아니라 대상의 반응이라 할 때, 의도와는 상관없이 당시 한국문학계가 처해있던 한계상황을 정확히 보여주었다고 말할 수 있다.

「문학이라는 요괴」에서 흥미로운 것은 중심·주변·아주변의 차이를 문학과 연결시키고 있는 점이다. 일찍이 중심인 중국은 제국이었다. 이에 반해 주변(조선, 베트남)은 식민지가 되었고, 아주변(일본)은 제국주의로 나아갔다. 따라서 문학의 성격도 다를 수밖에 없었다. 전쟁에 패한 청나라는 많은 유학생을 일본에 보냈는데, 루쉰도 그 중 한명이었다. 하지만 그는 당시 일본에서 유행하던 근대문학에 관심이 없었다.

가능한 문학

대신에 근대문학을 떠나 민속학으로 나아간 야나기타 구니오에 주목했다.

이후 루쉰은 옛이야기를 수집하여 『회계군고서잡집会稽郡古书杂集』이라는 책을 엮게 된다. 그의 동생 저우쭤런周作人은 아예 야나기타의 책을 중국어로 번역하기도 했다. 주지하다시피 루쉰은 단 한편의 장편소설도 쓰지 않았고 그가 남긴 소설들도 근대문학과는 거리가 있었다. 가라타니가 루쉰의 문학을 소세키의 문학과 더불어 '르네상스적 문학'으로 평가하는 것은 이런 맥락에서다.

그런데 같은 시기 주변에서는 이런 문학을 찾기 힘들다. 왜일까? 중국의 대표적인 주변이라 할 수 있는 한국과 베트남의 경우 중국(중심)보다 경직된 관료사회였다는 특징이 있다. 가라타니는 하노이에서 과거 합격자의 이름이 새겨진 비석이 수백 개나 서있는 광경을 보고 매우 놀랐다고 쓰고 있는데, 한국은 그보다 더했으면 더했지 덜하다 할 수 없다. 지금 당장이라도 인물정보검색 사이트[16]에 접속하면, 우

---

16) http://people.aks.ac.kr

리는 고려 광종 때부터 약 천 년 간 과거에 합격한 사람들의 신상(수천 명에 달한다)을 확인할 수 있다. 문관이 지배하는 관료사회에서 문학이 가지는 의미는 중심이나 아주변의 그것과 다를 수밖에 없는데, B가 강한 사회에서 제도로서의 근대문학을 의심한다는 것은 매우 힘든 일이었다.[17]

그런데 같은 주변이지만 베트남과 한국은 두 가지 점에서 크게 달랐다. 첫째, 베트남의 경우 산지민의 전통이 강하게 남아있었다.[18] 이는 『삼국지』의 제갈공명이 소위 남만정벌에서 악전고투한 원인이기도 하고('칠종칠금七縱七擒'의 고사가 여기서 나왔다), 13세기 세 차례에 걸친 원나라의 침공과 20세기 초강대국 미국의 공격을 물리친 원동력이기도 했다.

둘째, 한국의 경우 이웃나라 일본의 식민지가 되었지만 베트남의 경우 유럽국가인 프랑스의 식민지가 되었다. 이런 차이는 좋든 싫든 오늘날의 한국과 베트

---

17) 『한국문학의 구조』에서 이 문제를 간략히 다룬 바 있다.
18) 이와 관련해서 제임스 C. 스콧의 『조미아』(이상국 옮김, 삼천리, 2015)를 참조할 수 있다.

가능한 문학

남을 만들었다고 할 수 있다. 그런데 가라타니는 최근 중심, 주변, 아주변 간에 존재하는 차이가 희미해지고 있다고 말한다. 세계가 한국화하고 있다는 것이다.

> 금세기에 들어서 한국사회에 자본주의경제가 전면적으로 침투한 것처럼 보입니다. 하지만 그와 동시에 전면적으로 문관지배사회가 된 것처럼 보입니다. 말하자면 모두가 과거를 목표로 삼는 사회가 된 것입니다. 즉 교환양식으로 말하면 C와 B 하에서 A가 억압된 것처럼 보입니다. 그런 의미에서 문학이 끝났다는 느낌입니다. 물론 정도의 차이는 있지만 일본도 기본적으로 같습니다. 아마 세계 어디든 비슷한 상태가 될 것입니다.[19]

가라타니가 한국문학을 예로 들어 '근대문학의 종언'을 이야기한 것은 이런 맥락이다. 즉 '근대문학의 종언'은 다른 말로 A가 억압된 'B+C의 문학'의 자연

---

19) 柄谷行人, 「文学という妖怪」, 240頁, 강조는 인용자.

화, 바꿔 말해 '르네상스적 문학'의 추방과 배제를 뜻한다. 그렇다면 이제 르네상스적 문학은 불가능한 것일까? 가라타니는 아니라고 분명히 말한다. 왜냐하면 억압된 것은 반드시 되돌아오기 때문이다.

> 하지만 그로 인해 문학이 소멸한다고 생각하지 않습니다. A는 다른 형태로 강박적으로 회귀합니다, 즉 D로서. (생략) 나도 문학은 반드시 어떤 형태로 회귀한다고 생각합니다. "전세계에 요괴가 배회하고 있다, 문학이라는 요괴가"라고 말해야 하는 사태가 온다고 말입니다.[20]

이와 같은 마무리를 반기는 사람이 적지 않을 것이다. "드디어 가라타니 고진이 문학으로 돌아왔다"고 환호하는 사람도 있을 것이다. 하지만 그가 현재 유통되는 문학에 새삼 관심을 둘 리는 만무하다. 단 '르네상스적 문학'의 도래를 기대하고 있음을 알 수 있다. 아니 그것의 도래를 앞당겨야 한다고 주장하고 있는

---

20) 柄谷行人, 「文学という妖怪」, 240頁.

가능한 문학

지도 모른다. 그렇다면 무엇을 해야 할까? 어떻게 A를 귀환하도록 만들 수 있을까? 국가가 지원을 확대하여 생계에 대한 걱정 없이 창작에만 몰두할 수 있는 환경을 제공하고, 출판사가 멋진 굿즈와 이벤트를 통해 열심히 책을 팔고, 번역원이 번역가 양성과 출판지원을 통해 해외에 수출을 하면 되는 것일까.

이에 대한 가라타니의 답변은 의외로 간단하다. "내버려 둬라!"

> 가장 간단한 방법은 국가의 지원금에 기대는 것입니다. 예를 들어 아메리카에서는 작가가 대학에서 가르칠 수 있도록 함으로써 지원을 해왔습니다. 독일에서는 작가에게 장학금을 줍니다. 하지만 나는 그런 것이 훌륭하다, 부럽다고 전혀 생각하지 않습니다. (중략) 전통예능이라면 상관이 없지만 문학을 지원금으로 유지해서 무엇을 어쩌자는 것일까요. 생활이 힘들어도 문학을 하겠다는 사람이 있으면 문학은 살아남을 것입니다. 그래서 나는 내버려 두라고 말합니다.[21]

근대문학의 종언, 그 너머

이는 문학을 그냥 내버려 두지 않고 "책이 안 팔린다, 생계유지가 힘들다"며 국가의 개입을 적극 요구하고 또 그런 개입을 당연한 것으로 생각하는 것 자체가 르네상스적 문학의 도래를 막고 있다는 말이기도 하다. 그런 의미에서 고작 20여 년 전에 생겨난 국가가 지원하는 문학이 오늘날 예술가의 인권 향상과 사회적 진보의 증거로 평가받는 것은 그야말로 아이러니가 아닐 수 없다.

3

괴테는 근대문학(국민문학)이 막 등장하던 시기에 세계문학을 이야기하며 그것의 도래를 촉진시킬 것을 주문했다. 그런데 이때의 세계문학이란 근대문학 이후에 오는 '미래의 문학' 같은 것이 아니라 근대문학

---

21) 柄谷行人,「可能なる人文学」,『論座』, 2007年 3月号 (본서 부록으로 수록), 강조는 인용자.

가능한 문학

이 주도권을 잡아가는 과정에서 배제되고 억압된 것들의 강박적 회귀를 가리키는 것인지도 모른다. 가라타니식으로 말하면 괴테의 세계문학이란 요괴로서의 문학인 셈이다. 그렇다면 왜 하필 요괴인가.

『공산당선언』은 다음과 같이 시작한다. "지금 유럽에는 하나의 유령이 배회하고 있다, 공산주의라는 유령이." 여기서 '유령'이란 Gespenst의 번역어인데, 영어로는 보통 Specter로 번역된다. 주지하다시피 데리다는 이를 모티브로 삼아 『마르크스의 유령들 Spectres de Marx』이라는 책을 썼다. 그런데 일본에서 Gespenst라는 단어는 '요괴'로 자주 번역된다.[22]

일본에서 '괴담'이나 '요괴' 붐이 분 것은 19세기 말(메이지 20년대), 즉 근대화가 빠르게 진행되는 과정에서였다. 당시 이 '요괴'를 하나의 학문으로 정립한 이가 있었는데, 그가 바로 이노우에 엔료井上

---

[22] 실제 일어판에는 "지금 유럽에는 하나의 요괴가 배회하고 있다, 공산주의라는 요괴가."로 되어있다. 단 한국에서 '요괴'는 귀신, 유령만큼 일반적으로 사용되는 표현이 아니다. 대중문화(애니 또는 만화) 등에서 제한적으로 사용되고 있다.

圓了(1858-1919)다. 그는 일본에서 최초로 철학서를 저술했다고 평가를 받는 인물로[23], 메이지 초기에는 이노우에 데쓰지로井上哲次郞(1856-1944)에 필적하는 철학자로까지 평가받았다. 하지만 이후 대학을 그만두고 어디에도 소속되지 않은 채 전국 2,831곳을 돌며 요괴 설화를 수집했고, 그것을 기반으로 '요괴학'을 창시하게 된다. 그리고 무려 160여권의 단행본을 간행한다.[24]

---

[23] 보통 일본 최초의 철학서로 니시다 기타로의 『선善의 연구』(1911)가 이야기되지만, 정작 니시다는 이노우에 엔료의 『하룻밤 철학이야기哲學一夕話』(1887-1888)에 큰 감명을 받은 후 철학을 지망하게 되었다고 고백하고 있다.

[24] 참고로 가라타니는 이노우에 엔료를 '요괴'와 같은 인물로 평가한다. 하지만 엔료에게는 고토쿠 슈스이幸德秋水가 말한 '괴물'과 같은 측면도 있었다. 고토쿠는 『20세기의 괴물 제국주의』(1901)라는 책을 썼는데, 이후 천황 암살을 모의했다는 이유로 처형을 당한다(대역사건). 일본근대불교의 개혁가이기도 했던 엔료는 종교적인 차원에서 러일전쟁에 적극 찬성했을 뿐만 아니라 일본의 조선지배를 당연하게 생각했던 인물로, 조선에서 강연을 한 적도 있다. 이런 그에 의해 되살아난 요괴들이 전후 일본의 서브컬쳐계를 장악하고 세계시장을 석권하고

가능한 문학

이후 만화가 미즈키 시게루水木しげる(데쓰카 오사무보다 6살 연상이다)가 만화를 통해 이를 대중에게 전파했다. 오늘날 우리가 접하는 일본문화(소설, 만화, 영화, 애니, 게임) 속 요괴는 대부분 엔료가 정리한 자료에 기초하고 있다고 해도 과언이 아니다. 세계적인 히트상품이 된 '포켓몬'이나 '요괴워치'도 예외는 아니다. 참고로 이후 그는 아예 학교를 창설하는데 지금의 도요東洋대학이 그것이다.

그런데 당시 요괴를 진지하게 생각한 사람이 한 명 더 있었는데, 그가 바로 야나기타 구니오다. 하지만 그는 엔료의 요괴론을 싫어했다. 엔료는 기본적으로 요괴를 '환상'으로 간주한 계몽주의자에 가까웠기 때문이다.

> 엔료는 요괴를 진정한 불교적 인식(진괴眞怪)으로부터 타락한 형태로 간주했다. 한편 야나기

있다는 것은 그야말로 아이러니가 아닐 수 없다. 참고로 현대 요괴문학의 대가 교고쿠 나쓰히코가 쓴 소설 『서루조당 파효』(김소연 옮김, 손안의책)에는 엔료가 주인공 중 한 명으로 등장한다.

타의 관점에서 요괴란 일찍이 신적 존재였음에도 불구하고 불교와 같은 종교가 도래한 탓에 추방당한 영락한 존재였다.[25]

야나기타 구니오의 이런 인식은 하인리히 하이네에게서 배운 것으로, 하이네는 『추방당한 신들』[26]에서 요괴를 게르만세계를 침입한 기독교를 피해 숲속으로 도망간 기존의 신들로 보았다. 가라타니는 이런 하이네가 파리에서 마르크스를 만나 약 2년 동안 친교를 나눈 사실(1843-1844)에 주목한다. 그리고 1848년 마르크스가 엥겔스와 함께 그 유명한 『공산당선언』, "지금 유럽에는 요괴가 배회하고 있다"고 시작하는 팸플릿을 내놓은 사실을 환기시킨다.

현재 한국문학은 새로운 전성기를 맞이하고 있는 것처럼 보인다. 하지만 그것들이 근대문학에 의해 추방당한 '문학이라는 요괴'인지는 의문이다. 무언가 잘못되어 있다며 성토하고 있긴 하지만, 정작 지향하

---

25) 가라타니 고진, 『세계사의 실험』, 143-144쪽.
26) 하이네, 『추방당한 신들』, 태경섭 옮김, 회화나무, 2021.

가능한 문학

고 있는 바는 'B+C로서의 문학'(근대문학)을 강화하는 것이기 때문이다. 따라서 자신들이 '문학의 건재함을 보여주는 증거'라는 주장은 어떤 의미에서 타당하다. 확실히 근대문학의 끝(완성)을 보여주고 있기 때문이다. 대신에 요괴는 더욱더 깊은 숲속으로 들었다고 말할 수 있다.

그런데 지금 생각하면 가라타니 자신이 한국과 일본의 문학계·철학계를, 아니 세계를 배회해온 요괴인지도 모른다. 약 15년 전 필자가 『가라타니 고진과 한국문학』을 쓰면서 한 절의 제목을 '가라타니 고진이라는 유령'으로 한 것도 그저 우연만은 아닌 것이다.

하지만 현재 그는 예전만큼 주목을 받고 있지도 또 읽히고 있지도 않는 것 같다. 사실 대중문화계만큼이나 유행이 빠른 곳이 문학계나 인문학계다. 하지만 그가 던진 질문은 여전히 우리 주위를 맴돌고 있다. 마치 요괴처럼, 가능한 문학을 기다리면서 말이다.

가라타니 선생과 나

히로세 요이치

조영일 옮김

가라타니 선생과 나

　내가 선생을 처음 뵌 것은 긴키近畿대학 문예학부 문학과 국문학 전공을 졸업하기 직전인 1997년 3월 하순이었다. 같은 학교의 대학원에 진학하기로 결정한 나와 또 한 명의 학생은 지도교수인 세키이 미쓰오 선생을 따라 문예학부 건물 7층에 있는 선생의 연구실을 방문했다. 당시 선생은 박스에서 책을 꺼내 연구실 책장에 꽂으시는 일에 한창이셨다.

　세키이 선생이 간단하게 우리를 소개했고, 우리는 방학 때에 만든 동인지『비평criticism』1호를 선생에게 드렸다. 선생은 우리들의 얼굴과 이름을 확인하면서 메모지에 받아 적으셨다. 그리고 이름을 잡지의 목차와 맞추어보셨다. 그후 다음에 뵀을 때에는 우리가 쓴 글에 대한 감상을 간략히 이야기해주셔서 기뻤던 생각이 난다. 하지만 무엇보다 메모를 하면서 학생의 얼굴과 이름을 기억하려는 모습이 인상에 깊게 남아 있다.

柄谷先生と私

　그후 『criticism』 2호에 「다와다 요코多和田葉子와 메이오 마사코冥王まさ子」를 특집으로 기획하게 되었고, 이와 관련하여 선생께 메이오 마사코의 소설 『천마가 하늘을 날다天馬空を行く』의 문고본 해설로 쓴 글의 재수록을 부탁드렸는데, 흔쾌히 허락해 주셨다.

　대학원에서는 매주 오후 1시부터 5시까지 가라타니 선생과 세키이 선생의 합동세미나가 열렸다. 아마 목요일이었던 것으로 기억한다. 세미나에서는 돌아가면서 지정된 텍스트에 대해 발표하고, 이를 토대로 논의가 이뤄졌는데, 가라타니 선생이 말하고 세키이 선생이 보충하는 것을 듣는 시간이 길었다. 세미나에서는 처음 2년 정도는 전후문학을 둘러싼 논쟁이나 전쟁책임에 관한 텍스트, 자유민권운동에서 청일/러일전쟁을 거쳐 대역사건에 이르는 시기의 텍스트를 중심으로 읽고, 그로부터 3, 4년 정도에 걸쳐서 일본자본주의논쟁에 관한 텍스트를 읽었다. 오사카의 한 고서점에 의하면, 이 세미나 덕분에 일본자본주의논쟁과 관련된 책의 가격이 갑자기 올랐다고 한다. 이 밖에 『트랜스크리틱』의 초고를 읽기도 했다.

가라타니 선생과 나

 발제자와 텍스트는 발표 2, 3주 전에 결정되는 경우가 많았다. 나를 비롯해 많은 학생은 꽤 노력하여 원고-거의 문예평론이나 논문 같은-를 준비했다. 이유는 간단했다. 눈앞에 있는 사람이 '군조群像신인문학상' 심사위원이자 『비평공간』의 편집인이었기 때문이다. 문필가가 되고 싶다고 생각한 학생들은 당연히 '문예평론가 가라타니 고진'을 의식하지 않을 수 없었다. 그리고 그들 중 몇 명은 현재 소설가, 평론가, 서평가로 활동하고 있다.

 언젠가 누군가로부터 선생에 대해 상대에게 호통을 치는 거만한 사람이라는 말을 들은 적이 있었다. 하지만 그것은 오해다. 선생이 타인을 감정적으로 대하는 일은 전혀 없었다. 다만 강의 도중 갑자기 화를 내시는 경우는 있었다. 지금도 생생히 기억나는 것은 폴 드 만에 대한 이야기가 나왔을 때였다. 드 만이 젊은 시절 나치를 지지하는 글을 썼다는 이유로 부당한 공격을 당한 일에 대해 마치 눈앞에서 벌어지는 일처럼 크게 화를 내셨다.

 생각해 보면, 세미나에는 나카가미 겐지와 체격이

매우 닮은 학생이 있었다. 나카가미가 죽은지 7, 8년 정도 지났을 때였는데, 가라타니 선생은 그 친구에게 "자네는 나카가미를 많이 닮았군"하는 말을 여러 번 진지하게 하셨다.

  세미나가 끝나면 일부 학생은 이른바 뒤풀이에 참여하기 위해 남았다. 1시간 정도 세키이 선생의 연구실에서 시간을 보낸 뒤, 6시 정도에 문예학부 근처에 있는 패밀리레스토랑 '가스트'로 이동, 그곳에서 다시 11시가 넘을 때까지 5시간 정도 뒤풀이를 했다. 가스트에는 텔레비전이 없었기 때문에 한신 타이거스의 시합이 있을 때는 가스트 건너편의 일본식 선술집인 '코라쿠'가 뒤풀이 장소가 되었다. 뒤풀이에서 선생이 하신 말씀은 너무나 다양하여 일일이 내용을 떠올리지 못할 정도였지만 즐거웠다. 나는 그때 귀동냥으로 다방면의 귀중한 앎을 얻을 수 있었다.

  가게를 나오면, 하숙집에 가거나 막차로 본가에 가는데, 나는 선생과 가는 방향이 같았기 때문에 선생에게 더 깊은 질문을 하고 말씀을 듣는 등 소위 개인교

가라타니 선생과 나

습의 기회를 가질 수 있었다. 그렇게 세미나를 하는 날은 10시간이 넘도록 선생과 함께 시간을 보냈다. 매주 이렇게 보냈으니 당연히 많은 가르침을 받을 수 있었다. 내 사유방식의 기초는 이 시기에 마련되었다. 이런 의미에서 당시 내가 학교에 지불한 등록금은 일본에서 가장 싼 수업료였다고 해도 과언이 아니다.

나는 2000년 3월에 석사과정을 마치고 4월에 나고야대학 박사과정에 진학했다. 하지만 나고야대학의 세미나와 별도로 가라타니·세키이 세미나에도 계속 참여했다. 그리고 2002년 가라타니 선생이 소장을 맡으신 국제인문과학연구소가 설립되자 나는 그곳의 연구원이 되었다.

이 시기 나를 포함한 몇몇 학생들이 아마가사키尼崎 시에 있는 가라타니 선생 댁에 가서 서고정리를 했다. 최일선에서 활약하고 있는 저술가의 서고나 서재를 본 것은 이때가 처음이었다. 그리고 연초에 세키이 선생과 함께 가라타니 선생 댁을 방문한 적도 있다. 이때는 술을 너무 많이 마셔서 댁에 묵는 큰 실수를 하기도 했다.

柄谷先生と私

 그러나 2004년경부터 나는 몸이 매우 좋지 않아 일상생활도 여의치 않게 되었다. 그 때문에 이 시기의 세미나나 뒤풀이 등에서 어떤 이야기를 했는지 거의 기억이 나지 않는다. 결국 나는 2006년 3월 나고야대학을 자퇴하게 되었다. 비슷한 시기에 가라타니·세키이 두 선생도 긴키대학을 그만두게 되었다. 나와 두 선생의 인연은 일단 그렇게 끊겼다.

 그로부터 5년 후인 2011년, 나는 오사카부립대학[1] 박사과정에 입학했다. 11월 하순, 나는 대학을 떠나 있던 시기에 쓴 논문 몇 편과 현주소를 적은 편지를 두 선생에게 보냈다. 얼마 있지 않아 세키이 선생에게는 전화가, 가라타니 선생으로부터는 친절하고 자상한 메일이 왔다. 두 분 모두 내가 건강하게 지내고 있는 것을 기뻐하셨고, 가라타니 선생은 도쿄에 오면 연락하라고 덧붙이셨다. 히로사키가쿠인弘前學院대학으로 옮기신 세키이 선생도 도쿄에 돌아오면 만나자고 하셨지만, 재회하지 못한 채 2014년 3월에 급서

---

1) 2022년 오사카시립대학과 통합하여 오사카공립대학으로 개편되었다.

가라타니 선생과 나

하셨다. 그러나 가라타니 선생과 사모님과는 2014년 7월 하치오지八王子역 앞에서 재회했다. 10년 가까운 시간의 공백이 없었던 것처럼 예전과 똑같이 대해주셔서 매우 기뻤다. 그 후로도 몇 차례 뵙고 논문 별쇄본이나 김달수 전기를 연재하던 잡지 등을 부지런히 보내다가 점점 뜸해지게 되었다.

지금 나는 선생의 모습을 〈아사히신문〉의 서평을 통해 엿보고 있다. 아사히신문의 서평위원을 맡고 계신 선생의 서평이 한동안 실리지 않으면 몸이 편찮으신 것은 아닌지 걱정되었다. 구로이 센지黒井千次의 『늙음의 행방』을 다룬 서평[2]에서 몇 번인가 넘어졌다는 문장을 읽었을 때는 크게 다치신 것은 아닌지 걱정이 되었다. 나중에 뵈니 다행히 큰일이 아니었으나, 그렇게 넘어지시는 경험을 한 후 술을 끊었다고 하셨다.

나는 가라타니 선생의 책이 나오면 바로 사서 읽고, '철학자 가라타니 고진'으로부터 많이 배우려고 노력

---

2) 柄谷行人, 「自分らしさを見出す初々しい論」, 〈朝日新聞〉, 2019年 07月 27日.

하고 있다. 하지만 그것과 별도로 내 안에는 지금도 '선생 가라타니 고진'의 이미지가 강하게 남아 있다. 내게 있어 가라타니 선생은 지금 세키이 선생과 함께 지적 호기심을 길러 준 뛰어난 교육자다. 긴키대학에서 선생을 만나 가르침을 받을 수 있었던 것은 내 일생일대의 행운이었다.

매우 사적인 독서

다카이 오사무

매우 사적인 독서

　일본에서 가라타니 고진의 독자는 크게 대학원생, 사회운동가, 그리고 문학 연구자(혹은 문학에 관심이 있는 사람)로 구분된다. 하지만 나는 경제적 이유로 대학을 졸업하자마자 취직을 했고, 사회운동에는 별로 관심이 없었다. 그리고 소위 본격문학보다 SF나 미스터리를 비롯한 대중문학을 읽어왔다. 따라서 지금부터의 이야기는 그야말로 평범한 일반독자로서의 경험이다.

　대학시절은 마침 아사다 아키라가 쓴 『구조와 힘』(1983)에 의해 촉발된 뉴아카(뉴아카데미즘) 붐이 한창 때였다. 나도 그런 풍조의 영향을 받아 『현대사상』이나 『유레카』와 같은 사상지에 손을 댔고, 그러는 가운데 기시다 슈[1]와 마루야마 게이자부로[2]의

---

1) 岸田秀(1933-　) 심리학자. 『게으름뱅이 정신분석』(우주형 옮김, 깊은샘) 등이 소개되어 있다.
2) 丸山圭三郎(1933-1993) 언어철학자. 소쉬르 연구로 유명하

책을 즐겨 읽었다. 내가 처음으로 가라타니 고진이라는 이름을 만난 것은 이 두 사람의 대담자로서였다. 가라타니는 이때 수학기초론이나 마르크스 경제학을 많이 이야기했는데 조금 어려웠다. 그래서 막연히 쉽게 접근할 수 있는 대상은 아니라고 생각했다. 당시 유행한 데리다나 라캉과 같은 서구사상가들은, 솔직히 말해 너무 어려워서 읽다가 포기했다.

하지만 가라타니가 자주 언급했던 괴델적 문제만큼은 사정이 좀 달랐다. 괴델적 문제란 오스트리아-헝가리 제국 출신 수학자인 쿠르트 괴델이 제시한 불완전성 정리에서 파생한 문제로, 쉽게 말하자면 "어떤 명제가 설사 옳더라도 반드시 그것이 옳다고 증명할 수는 없다"는 것을 수학에서 증명한 것이다. 물론 수학에 약한 내가 자세한 내용을 이해할 수는 없었지만, 그 증명의 핵심이 '자기언급성'에 있다는 사실이 나의 관심을 끌었다. 왜냐하면 이 '자기언급성'이라는 문제, 만약 뱀이 자신의 꼬리를 물어 가면 최종적으로 어떻게 되느냐는 문제는, 내가 가장 즐겨 읽는 소설

다. 『존재와 언어』(고동호 옮김, 민음사)가 소개되어 있다.

중 하나인 야마오 유코[3]의 「원근법」이라는 작품과 호응했기 때문이다.

따라서 가라타니 고진이라는 이름은 대학을 졸업한 후에도 내 머리 한구석에 남아 있었는데, 그것이 어느 날 헌책방에서 가라타니의 첫번째 비평집인 『두려움에 떠는 인간』을 손에 들게 만들었다. 하지만 이 책에 실려 있는 나쓰메 소세키론을 비롯한 여러 글들을 충분히 이해했다고 말할 수 없다. 한마디로 말해 나는 그다지 가라타니의 좋은 독자가 아니었다. 적어도 『탐구』를 읽기 전까지는 말이다. 그렇다. 『탐구』는 나를 '가라타니의 독자'가 되도록 만든 책이라 할 수 있다. 그렇다면 나는 왜 『탐구』에 끌렸던 것일까. 그것은 이 책 첫머리에서 발견할 수 있다.

> 비트겐슈타인은 언어를 '가르치다'라는 관점에서 고찰하려고 했다. 이러한 시도가 처음은 아니라고 해도 획기적인 태도 변경임은 틀림없다. 아이에게 말을 가르친다는 것 또는 외국인에게 말

---

[3] 山尾悠子(1955-) 일본의 소설가.

을 가르친다는 것. 다시 말해 우리말을 전혀 알아듣지 못하는 사람에게 말을 가르친다는 것.

> 우리말을 이해하지 못하는 사람, 예컨대 외국인의 경우 "석판을 가져와!"라는 명령을 여러 번 듣는다고 해도 이 음성의 계열 전체가 한 단어이며 자기 나라 말로는 '석재'라는 말에 해당한다고 생각할지 모른다 …… (비트겐슈타인, 『철학적 탐구』, 20)

비트겐슈타인에게 '우리말을 이해하지 못하는 사람, 예컨대 외국인'은 그저 설명을 위해 선택된 많은 예 중 하나에 불과한 것은 아니다. 왜냐하면 그것은 언어를 '말하다-듣다'라는 차원에서 생각하는 철학·이론을 무효화하기 위해 필수불가결하다고 생각되는 타자를 드러내기 때문이다. 언어를 '가르치다-배우다'라는 차원이나 관계로 이해할 때 비로소 그러한 타자가 나타난다. 나 자신의 '확실성'을 잃게 하는 타자, 그것은 데카르트와는 반대방향이지만 일종의 방법적 회의의 극한에서 나타난다.

오해의 여지를 없애기 위해 말하자면 그것은 먼저 피아제나 촘스키처럼 아이가 언어를 '습득하는' 측면에서 본 것과는 전혀 다르다. 그 경우 '가르치다-배우다'라는 관계는 존재하지 않으며 커뮤니케이션도 문제가 되지 않는다. 그러므로 그들은 '가르치다-배우다'라는 차원이 초래하는 중요한 문제를 제거함으로 구조론적 생성 모델을 추상적으로 조립할 수 있는 것이다.

두 번째로 '가르치다-배우다' 관계를 권력관계와 혼동해서는 안 된다. 명령하기 위해서는 먼저 무언가를 가르치지 않으면 안 된다. 우리는 갓난아기에 대해 지배자이기보다는 오히려 노예에 가깝다. 다시 말해 '가르치는' 입장은 일반적으로 생각하는 것과는 달리 결코 우월한 위치가 아니다. 오히려 '가르치는' 입장은 '배우는' 측의 합의를 필요로 하며 '배우는' 측이 무슨 생각을 하더라도 그것을 따르지 않을 수 없는 약한 입장이라고 봐야 할 것이다.

이를 이해하기 위해서는 '파는' 입장을 유추해도 좋다. 마르크스가 말한 대로 만약 팔리지 않는다면(교환되지 않는다면) 상품은 가치를 지니지 못하며 따라서 사용가치조차 없게 된다. 그리고 상품이 팔리고 안 팔리고의 문제는 '목숨을 건 도약'이다. 상품의 가치는 사전에 내재하는 것이 아니라 교환된 결과로서 주어진다. 결코 사전에 내재하는 가치가 교환을 통해 실현되는 것이 아니다.

언어에 대해서도 똑같이 말할 수 있다. '가르치는' 측에서 보면 내가 말로 무언가를 '의미한다'고 해도 타자가 인정해주지 않는다면 의미는 성립하지 않는다. 내 자신 안에 '의미하다'라는 내적 과정 따위가 존재하지 않는다는 말이다. 더욱이 내가 무언가를 의미한다고 해도 그것은 타자가 그렇게 인정하는 무언가일 수밖에 없고 나는 그것을 원천적으로 부정할 수 없다. 그러므로 사적인 의미(규칙)란 존재할 수 없는 것이다.[4]

---

4) 가라타니 고진, 『탐구』(1), 송태욱 옮김, 새물결, 1998, 10-12

'내적 과정'이 존재하지 않는다. 이 구절은 내게 큰 충격이었다. 왜냐하면 오랫동안 나는 이 '자의식'이라는 문제에 시달렸기 때문이다. "만약 내가 이런 말이나 행동을 하면 다른 사람이 나를 어떻게 생각할까?" 하는 생각에 남들의 시선에 늘 신경이 쓰였고 무엇을 하더라도 내적 번민에 사로잡혀서 꼼짝달싹하지 못하는 경우가 많았기 때문이다. 이런 상태에서 직장에서의 일이 너무 힘들어 입원을 하게 되었고, 그 결과 자연스럽게 퇴사를 할 수밖에 없었다. 이런 상황에서 '내적 과정'이 없다는 말은 나를 '내면의 번민'으로부터 해방시켜주었다. 내가 속으로 무엇을 생각하든 다른 사람에게는 그것이 존재하지 않는다는 사실을 알게 되었기 때문이다. 그런 의미에서 『탐구』는 나를 구원해준 책이라 말할 수 있다.

이후 나는 서점에서 가라타니의 책을 발견할 때마다 구입하여 열심히 읽게 되었다. 그즈음 가라타니가 편집동인으로 참여하고 있는 『계간 사조』라는 잡지

쪽, 강조는 인용자.

를 알게 되었다. 당시 오사카 난바에 있는 아사히야 旭屋서점에서는 폐간세일을 하고 있었는데, 이때 총 8권을 모두 구입했고 가라타니가 『비평공간』이라는 비평지를 준비하고 있다는 사실을 알게 되었다. 그래서 창간호가 나오기를 학수고대하며 기다렸다.

그리고 마침내 『비평공간』이 출간되었는데, 나는 그 소식을 듣자마자 서점으로 달려갔다. 가라타니 고진을 캐치 업catch up하게 된 순간이었다. 앞에서 이야기했듯이 이전까지는 출간순서에 상관없이 마구잡이로 읽어왔기 때문에, 가라타니의 사상이 어떻게 변해왔는지 정리가 전혀 되어 있지 않았다. 이때부터 3개월마다 나오는 이 잡지를 꼼꼼히 찾아 읽었다. 실린 글을 모두 읽은 잡지는 지금까지 『비평공간』뿐이다. 지젝을 비롯하여 지금은 널리 알려진 서구사상가의 이름을 접한 것도 이때였다.

그런데 여기서 이런 질문을 하는 사람이 있을지 모르겠다. "『비평공간』의 열성적인 독자였다면, 혹시 NAM에도 참여했는가?"하고. NAM이란 가라타니 고진이 2000년에 시작한 자본과 국가에 대항하는

매우 사적인 독서

사회운동으로, 그 모체는 『비평공간』이었다고 해도 과언이 아니다. 더구나 당시 가라타니는 내가 살고 있는 오사카에 있는 대학교(긴키대학)에 적을 두고 있었다. 하지만 당시 나는 시급 700엔의 가난한 육체노동자였기 때문에 관심은 있었지만 멀리서 지켜볼 수밖에 없었다. 그렇게 망설이던 중 아쉽게도 NAM은 해체되고 말았다. 만약 그때 적극적으로 참여를 했다면 가라타니를 직접 만날 기회가 있었을지도 모른다. 하지만 당시 상황은 그렇지 못했고, 이는 이후 큰 아쉬움으로 남았다.

그런데 15년 후 뜻밖의 계기를 통해 가라타니 선생를 직접 만나게 되었으니, 인생이란 참으로 신기하다 하지 않을 수 없다. 지금부터는 그에 대해 말해 볼까 한다. 이야기는 20세기 말로 거슬러 올라가는데, 그 첫 단추는 의외일지 모르지만 강제규 감독의 영화 〈쉬리〉(1999)였다. 사실 나는 이때까지만 해도 한국에 전혀 관심이 없었다. 따라서 넷우익과 같은 편견 또한 없었다.

하지만 내가 응원하고 있는 프로축구 팀 '세레소

오사카'에 적토마 고정운 선수가 입단하고 2002년 한일월드컵 개최가 결정되자 조금씩 한국에 관심을 가지게 되었는데, 그때 우연히 만난 〈쉬리〉 DVD를 보고 큰 충격을 받았다. 한국영화에 대해 아는 것이 전무했기에 더욱 충격이 컸던 것 같다. "이렇게 재미있는 영화가 제작되고 있다니 한국에는 분명 재미있는 작품이 더 있을 것이다"라고 생각한 나는 곧바로 DVD 대여가게로 달려갔다. 하지만 놀랍게도 한국영화가 세 편밖에 없어서 실망할 수밖에 없었다.

그래서 이리저리 수소문하던 중(당시는 인터넷을 하지 않았던 때라 꽤나 고생이었다) 어느 잡지에서 오사카에 있는 '서울서림'이라는 곳에서 한국영화 비디오를 판다는 정보를 얻었다. 그래서 찾아가 보니 한국영화가 적잖게 있었다. 문제는 이 가게가 재일교포나 한국유학생을 상대하는 곳이었기 때문에 일본어 자막이 없었다는 데 있었다. 그때 나는 한국어를 공부하기로 마음먹었다.

그렇게 독학으로 한국어 공부를 시작하고 반 년 정도 지나자 대사의 절반 정도가 들리게 되었고 내용

매우 사적인 독서

도 대충 알아들을 수 있게 되었다. 이후 나는 주말마다 한국영화 DVD을 팔거나 대여해주는 가게를 돌아다녔고 그 과정에서 꽤 많은 작품을 볼 수 있었다. 그런데 영화란 보면 볼수록 그것에 대해서 말하고 싶어지는 법이다. 그때 마침 '서울서림'을 통해 구독하고 있던 『씨네21』에서 '씨네 블로그'라는 인터넷서비스를 제공한다는 사실을 알게 되었다. 그래서 인터넷을 시작해 그곳에 한국영화에 대한 글을 올리기 시작했다. 그것도 한국어로 말이다.

그때 '씨네 블로그'에 글을 올리는 일본인은 내가 유일했기 때문에 당시 『씨네21』의 편집장이었던 남동철 씨가 편집후기에서 내 블로그를 언급했고, 그 덕에 하루에 2,000명 이상이 방문하기도 했다. 그러던 중 놀라운 일이 일어났다. 백은하 기자가 새롭게 창간할 웹진 『매거진 t』에 일본의 TV프로그램 관련 연재 칼럼을 부탁해온 것이었다. 당시 나는 한국영화에 푹 빠져있었기 때문에 정작 일본 TV프로그램은 거의 보지 않고 있었다. 하지만 기회라 생각하고 도전해보기로 했다.

きわめて個人的な読書

  이렇게 시작된 연재는 무려 2년 동안 이어졌는데, 이때 많이 의거한 것이 그동안 열심히 읽어온 가라타니 고진이었다. 따라서 내 글을 읽은 독자들은 '고정수'(한국에서의 필명)라고 하면 '가라타니 고진'이라는 이름이 저절로 떠오를 정도였다고 한다. 그렇게 해서 번 원고료는 한국여행에 사용했는데(주로 명절 때를 이용했다), 어떤 분이 조영일 씨가 쓴 『가라타니 고진과 한국문학』이라는 책을 선물해주었다.

  그때 나는 한국에서도 가라타니 고진을 열심히 읽는 사람이 있다는 사실을 알게 되었다. 그래서 기회가 되면 한 번 만나보고 싶다고 생각했는데, 세상은 한편으로 넓지만 다른 한편으로 좁았다. 우연히 내 글의 독자 중 한 명이 미야베 미유키를 열심히 펴내고 있는 북스피어 대표인 김홍민 씨의 친구였고, 조영일 씨는 북스피어에서 펴낸 책(마쓰모토 세이초의 작품)의 해설을 여러 편 쓰고 있던 터라 연결점이 있었던 것이다. 이렇게 '가라타니 고진'을 매개로 아무런 인연이 없는, 따라서 어쩌면 평생 만나지 못했을 사람을 만나게 되었다.

매우 사적인 독서

 조영일 씨와 처음 만난 것은 홍대 근처였는데, 이후 SNS 등을 통해 소통하는 사이가 되었다. 지금 되돌아보니 그때가 내게 있어 가장 행복한 시절이었던 것 같다. 『한국어 저널』이라는 한국어 학습지를 내는 곳에서 연락이 오기도 하고, 2007년 MBC에서 제작된 3.1 특집 다큐 〈극우파 후쿠모토의 약속〉에 한국문화를 사랑하는 일본인 중 한 명으로 소개되기도 했다.

 그런데 호사다마라고나 할까 시련이 찾아왔다. 20년 가까이 일한 회사에서 구조조정을 당한 것이다. 다행히 모아둔 돈이 있었기에 당장 생활하는 데 어려움은 없었지만, 어쨌든 하루라도 빨리 일자리를 찾아야 했다. 당연히 매년 해온 한국여행 같은 것은 할 여유가 없었다. 이력서를 쓰고 면접을 보았지만 때늦은 재취업은 생각만큼 쉽지 않았다. 그러자 점점 초조해질 수밖에 없었다

 하지만 마냥 합격전화만을 기다리며 멍하니 있을 수는 없었다. 그래서 시작한 것이 바로 번역이었다. 시간만큼은 충분했기 때문이다. 나는 마음에 드는 책을 반복해서 읽는 습관이 있는데, 한국어로 된 책의

경우 번역을 해놓으면 다시 읽을 때 편할 것 같다고 막연히 생각한 것 같다. 즉 처음부터 번역가가 되겠다는 마음으로 시작한 일은 아니었다.

그렇게 번역한 것이 『세계문학의 구조』와 『가라타니 고진과 한국문학』이었다. 그리고 그것의 일부를 저자에게 보냈다. 그러자 나머지도 보내달라는 연락이 왔다. 그리고 몇 달 후 『세계문학의 구조』의 한 챕터(4장)가 『문학계』에 게재되기로 했다는 연락을 받았다. 그것도 내 이름으로. 나는 깜짝 놀랄 수밖에 없었다. 왜냐하면 내 번역은 어디까지나 참고용 초벌 번역으로, 이름이 있는 번역가가 정식으로 번역할 것이라고 생각했기 때문이다.

놀라운 일은 그것만이 아니었다. 이 일을 계기로 나는 가라타니 선생과 직접 메일을 주고받게 되었던 것이다. 더구나 선생은 시간이 되면 한 번 만나자고까지 말씀해 주셨다. 하지만 당시 선생의 댁은 도쿄인 관계로 현실적으로 쉽지 않았다. 하지만 말씀만이라도 고마웠다. 그런데 그 후 선생의 제자인 히로세 요이치 씨를 통해 오랜만에 선생이 오사카에 오신다는 연락이 왔다. 사실 선생의 고향은 효고현이다. 그렇다. 선생도 나처럼 실은 간사이關西사람인 것이다.

2016년 4월 25일, 신오사카에 있는 한 호텔 레스토랑에서 히로세 요이치 씨와 함께 가라타니 선생과 사모님을 뵙고 식사를 했다. 그때 나는 살다보니 이런 일도 있구나 하는 생각이 들었다. 식사를 하면서 이런 저런 이야기를 했는데(정확히는 선생의 이야기에 열심히 귀를 기울이는 쪽이었지만), 부부싸움에 대한 이야기(이것은 나중에 『세계사의 실험』에 실리게 된다)나 사카구치 안고가 쓴 글(나가사키 짬뽕과 기독교인들의 신앙포기 간의 관계를 다룬 에세이)에 대한 이야기들은 아직도 내 머리 속에 생생히 남아 있고 앞으로도 오래 기억될 것이다.

그리고 2016년 12월 9일, 마침내 『세계문학의 구조』가 이와나미서점을 통해 출간되었다. 그런데 아이러니컬하게도 그날 나는 한국에 있었다. 전날인 8일에 열린 '제15회 한국문학번역원 신인상' 수상식 참석을 위해서. 『세계문학의 구조』의 일본어판 출간과 마찬가지로 신인상 수상도 자의보다는 타의에 의한 것이었다.

  영화상 시상식을 보면, 수상자들이 "이것은 모두 누구누구 덕분입니다. 감사합니다"라는 수상소감을 남기는데, 그동안 나는 그런 말이 가진 의미를 잘 이해하지 못했다. 하지만 내가 막상 그 위치에 서자 그렇게 말할 수밖에 없는 이유를 알게 되었다. 시작은 수 년 전 한국의 지인(PK 씨라고 하겠다)이 보내준 한 권의 책이었다. 그는 이 책에 실린 단편소설이 한국문학번역원 신인상 응모작이니 한번 도전해 보라고 권유했다. 심사규정이나 마감일에 대한 정보와 함께. 그래서 한 번 도전하기로 마음먹었지만, 막상 번역을 해보니 생각보다 너무 어려워 결국 포기하고 말았다.

  하지만 PK 씨는 다음 해도 내게 응모작이 수록된 책을 보내주었다. 그래서 보내준 사람의 정성을 생각해서 이번에는 끝까지 해보자고 생각했고 응모까지 했다. 하지만 결과는 아쉽게도 낙선이었다. 실력부족을 뼈저리게 느끼지 않을 수 없었다. 하지만 PK 씨는 그 다음 해에도 책을 보내주었다.

그래서 어쩔 수 없이 다시 응모를 했지만 큰 기대는 하지 않았다. 그런데 덜컥 신인상을 받게 된 것이다. 이런 사정 때문에, 물론 운이 좋았을 수도 있지만 신인상 수상은 온전히 PK씨 덕분이라고 해도 과언이 아니다. 한국에서도 인기가 있는 만화 『슬램덩크』에는 다음과 같은 유명한 대사가 나온다. "포기하면 거기서 시합종료!" 포기하지 않는 사람은 내가 아니라 PK 씨였다.

그러고 보니 '포기하지 않는 사람'은 『슬램덩크』의 안 선생이나 PK 씨만이 아니다. 그것은 지난 7월 3일에 도쿄대학에서 열린 강연회에서 가라타니 선생이 보여준 모습에서도 발견할 수 있었다. 선생은 러시아의 우크라이나 침공 이후 악화일로를 걷고 있는 국제정세 가운데서도 D(어소시에이션)의 가능성을 포기하지 않았다. 나는 깊은 감명을 받지 않을 수 없었다. 자칭 가라타니의 제자 중 한 명으로 이런 선생의 자세는 나의 작업에 있어 명확한 이정표가 될 것이다.

가능한 인문학

가라타니 고진

조영일 옮김

가능한 인문학

'인문학의 위기'란 구체적으로는 인문서가 팔리지 않는 현실을 말하는 것이 아닐까 합니다. 인문서라고 하면 문학, 철학, 역사, 사회과학 같은 책이라 할 수 있는데, 그것들이 팔리지 않는다는 것은 확실히 인문서를 내는 출판사에게는 위기라 하겠는데, 여기에는 두 가지 의문이 있습니다.

하나는 현재 인문서가 팔리지 않는 것은 분명하지만, 과거와 비교했을 때는 어떠한가 하는 것이고, 다른 하나는 인문서가 팔리지 않는 것이 사회에, 그리고 인간에게 위기인가 하는 것입니다.

첫 번째에 대해 이야기하자면, 과거 인문서가 이상하게 팔리던 시대가 있었습니다. 처음은 1920년대(다이쇼에서 쇼와에 걸친) '엔본円本'이 등장한 시대이고, 다음은 1960년대 이후라고 생각합니다. 엔본이란 세계문학, 일본문학, 사상서 1권을 1엔으로 살 수 있다는 의미입니다. 게다가 그 무렵에는 이와나미문고도 나왔습니다. 메이지, 다이쇼시대에는 지식계급이 소수였습니다. 외국책이라고 하면 원서나 영역본을 읽고 있었는데, 엔본 이후에는 그것을 번역으로 읽는 사람들, 즉 지적 대중이라고 할까 대중적 지식인이 등장합니다. 일본에서 소비사회=대중사회가 처음 등장했다고 해도 좋을 것입니다.

이어서 1960년대는 경제의 고도성장이 이루어진 시대입니다. 실제 대학진학률이 급격히 증가했습니다. 대학분쟁은 그 결과로서 일어난 것입니다. 즉 갑자기 증가한 대학생이 인문서를 읽었습니다. 더구나 집에 '문학전집' 등을 갖추고 있는 경우가 적지 않았습니다. 이 시기가 인문서의 최전성기가 아니었나 생각합니다. 그 여운이 80년대 버블 무렵까지 이어졌습니다. 예를 들면, 잘 알지 못하면서도 『현대사상』이라는 잡지를 읽는 사람이 많았습니다.

이 시기와 비교하면 최근 인문서가 팔리지 않는다고 말하는 것은 이상하다고 생각합니다. 그 시기에 인문서가 많이 팔린 것은 그때까지 책을 읽지 않은 계층이 갑자기 책을 읽었기 때문으로, 사실 그 이전에는 책을 읽는 사람 자체가 그리 많지 않았습니다. 그러고 보면 전후戰後에 다자이 오사무가 소설이 2만 부 이상 팔리는 것은 이상하다고 쓴 것이 생각납니다. 60년대까지는 인문서가 그렇게 많이 팔리지 않았으며 출판사도 적었고 그 규모 또한 작았습니다. 요즘 인문서가 잘 팔리지 않는다고 말은 하지만, 양으로 보면 옛날보다는 많을 것입니다.

지식인을 비판하는 지식인

그럼 인문서가 팔리던 시대가 좋았는가 하면, 꼭 그렇다고 생각하지는 않습니다. 그것은 대량의 지식인=대중이 출현한 것을 의미합니다. 히로마쓰 와타루는 60년대에, 즉 전공투 시대에 널리 읽힌 철학자인데, 그는 내게 그들은 어학이 안 되기 때문에 곤란하다고 투덜댄 적이 있습니다. 외국어나 기초적인 공부는 하지 않고 곧바로 커다란 문제로 향한다고 말입니다.

그런데 이런 것은 대체로 불모의 결과를 낳을 뿐입니다.

따라서 인문서의 인기가 이와 같은 속성지식인을 증가시키는 것이라면, 특별히 기뻐할 일은 아닙니다. 그것은 오히려 지식인이나 지식을 간단히 부정하는 것으로 귀결됩니다. '지식인을 비판하는 지식인'이 일반화됩니다. 그리고 결국 그들은 실제로도 책을 읽지 않게 됩니다. 최근 인문서가 팔리지 않는 것은 그 결과가 아닐까 합니다.

그렇다면 속성지식인이 나쁜가 하면, 꼭 그렇지도 않습니다. 일찍이 지식인이 일종의 지배계급으로 존재한 시기가 있었습니다. 지식인과 대중 사이에 커다란 격차가 있었던 것이지요. 이 경우 지식인은 노블레스 오블리주와 같은 의무감을 가지고 있었습니다. 그런데 지금의 지식인에게는 그런 것이 없습니다. 엘리트 의식이라는 단어는 지금도 존재하긴 하지만, 도쿄대에 들어간 것 정도로 엘리트라고 말하는 것은 우스운 일입니다. 좌익이 되지 않은 엘리트 같은 것은 존재할 수 없습니다.

가능한 인문학

하지만 이런 엘리트 지식인은 명확히 계급사회에 근거한 존재입니다. 그러므로 지식인이 과거에 그런 존재였다고 해서 옛날처럼 돌아가야 한다는 것도 이상합니다. 낡은 타입의 지식인이 존재하는 사회적 기반이 없어진 것은 나쁜 일이 아닙니다.

그런 기반은 예를 들어 인도에는 아직 농후하게 남아있습니다. 일본에는 거의 알려져 있지 않지만 인도의 지식인은 대부분 좌익이며 공산당 간부 등은 거의가 브라만 출신 마르크스주의자입니다. 그렇지만 그런 상태를 만드는 사회구조가 바람직하다고 말할 수는 없습니다. 사회구조가 바뀌면 인도의 지식인도 바뀔 것입니다. 실제 최근 그런 변화가 일어나고 있는 것처럼 보입니다.

일본에서는 1960년 이후 지식인과 대중이라는 구별이 의미를 가지는 사회적 계급구조가 서서히 사라져 갔습니다. 사회에서 모든 차이가 상대적으로 사라져 갔습니다. '계급'이 그러했고 '남/녀'도 '차별'도 그러했습니다. 물론 완전히 없어진 것은 아니지만, 그와 같은 차별에 대한 부정이 어느 정도 실현되자 그런 차이를 낳는 힘 자체가 사라졌습니다.

커다란 차이가 없을 때 그 차이를 해소시키는 에너지(때론 그것은 '혁명'이 됩니다)가 없는 것은 당연하며, 학문적인 열정도 희박해지고 있는 것처럼 보입니다. 단 이것은 세계적인 경향으로 특별히 일본만의 특징은 아닙니다. 단 일본에서는 그것이 극단적으로 나타난다고 생각합니다.

예를 들어, 대중사회 현상이 가장 빨리 나타났음에도 불구하고 아메리카에는 지식인 계급이 끈질기게 남아있습니다. 예를 들어 아이비리그로 불리는 동부의 명문대학 등은 그야말로 '상아탑'입니다. 그것은 사회적, 정치적 동향과 관계없이 유지되고 있습니다. 일본에는 그와 같은 '상아탑'이 없었습니다. 역으로 '상아탑'에 대한 비판과 자기비판만이 있었고, 대학은 끊임없이 사회적, 정치적 동향에 굴종해 왔습니다.

지금도 마찬가지입니다. 최근 일본의 대학개혁은 '아메리카화'로 간주되지만, 그것은 그저 표면적인 유사성에 지나지 않습니다. 그와 같은 오해와 착각이 앞으로 실패의 빌미가 될지도 모릅니다. 아메리카의 대학은 절대 정부가 하라는 대로 하지 않습니다. 매카시즘의 시대에도 그랬으며, 9.11 이후에도 그랬습니다. 그런데 일본의 국립대학은 독립행정법인화와 더불어 문부관료가 하라는 대로 할 수밖에 없게 되었습니다. 즉 오히려 국영화가 된 것입니다.

세계에 지나치게 민감한 것의 위험성

『중앙공론中央公論』이나 『세계世界』와 같은 전쟁 전이나 직후부터 있었던 잡지는 지식인과 대중을 연결시키는 가교 역할을 했습니다. 이것들은 앞서 말한 것처럼 지적 대중이나 대중적 지식인들의 잡지입니다. 일본을 제외하고 이런 중간적인 지성지가 많이 읽히는 나라를 나는 알지 못합니다. 보통은 지적인 것과 일반적이고 대중적인 것은 분리되어 있습니다. 즉 그런 것이 공존하고 교차하는 '종합잡지' 같은 것은 없습니다.

신문에 대해서도 똑같이 말할 수 있습니다. 〈아사히

신문〉이나 〈요미우리신문〉처럼 부수가 많고 모든 지적 계층을 겨냥하는 신문이 다른 나라에도 있을까요.[1] 한국에는 있습니다만, 그것은 애당초 일본의 영향을 받았기 때문입니다. 〈뉴욕타임스〉 등은 부수가 백만 부 정도입니다. 즉 일반인이 읽는 신문이 아닙니다. 대신에 영향력은 있지요.

일찍이 〈아사히저널〉이라는 주간지가 있었습니다. 1984년이었던가 자크 데리다가 일본을 방문했을 때, 그 지면에서 나와 아사다 아키라 이렇게 세 명이서 좌담회를 했습니다. 그때 데리다는 "이렇게 수준이 높은 논의를 싣는 잡지가 20만 부나 팔린다니 대단하다"며 놀라워했습니다. 그때 나는 "한 주에 소비되고 그것으로 끝나지요"라고 했습니다만, 말은 그렇게 했지만 확실히 이런 나라가 없지요.

아주 최근에 나는 〈아사히신문〉에 데이비드 그레이버의 『아나키스트 인류학의 조각들』에 대한 서평을 썼는데, 그레이버가 그 사실을 알고 "일본은 대단

---

[1] 〈요미우리신문〉, 〈아사히신문〉은 발행부수 세계 1, 2위 신문으로, 전성기에는 모두 천만 부를 훌쩍 넘겼다고 한다.

Possible Humanites

쓴 책에 대한 서평이 실립니다. 이게 도대체 뭐지(웃음) 하고 스스로 생각합니다.

어떤 의미에서 이것은 재미있는 일입니다. 나 자신에게는 그것이 좋은 영향을 주고 있다고 생각합니다. 왜냐하면 일본적 환경에서는 전문적인 학자나 지식인이 아니라 일반독자를 염두에 두고 써야 하기 때문인데, 이로 인해 글쓴이로서의 자세가 바뀌기 때문입니다. 예를 들어 나는 아메리카 학자들의 글쓰기 방식이 마음에 들지 않습니다. 극소수의 동업자를 제외하면 그런 글을 누가 읽겠는가 하는 생각이 듭니다.

일본의 환경에서는 항상 일반독자를 염두에 둘 필요가 있습니다. 다만 그 때문에 역으로 사회적 동향에 민감하게 반응하여 변하는 경우도 있습니다. 그것은 앞서 언급한 일본에는 '상아탑'이 존재하지 않는다는 말과 같습니다. 그것은 팔리지 않아도 알아주지 않아도 굳건히 자신만의 작업을 해가는 사람이 없을 뿐만 아니라 또 그런 사람을 뒷받침하는 조직이 없다는 것을 의미합니다. 그러므로 세상의 동향에 지나치게 민감하게 반응하는 것은 위험한 일이기도 합니다.

가능한 인문

하다"고 말했습니다. 엄청난 부수를 자랑하는 신문
서 자신의 책을 다루는 서평이 실린다는 자체가 놀
다고 했다고 합니다. 실제 아메리카에서는 그런 일
없습니다. 예를 들어 〈뉴욕타임스〉 서평 같은 것
정말이지 심각합니다. 삼류 필진들이 쓰고 있습니
지적인 것은 배제되고 있습니다. 데리다나 에드워
사이드의 책이 서평의 대상이 되는 일은 결코 없습
다.

그런데 일본의 대大신문에는 그런 것이 실립니
〈아사히신문〉이기 때문에 실리는 것이 아닙니다. 〈
미우리신문〉에도 〈마이니치신문〉에도 실립니다.
러므로 "대단하다"고 말할 수밖에 없습니다. 따리
그레이버가 착각하는 것도 무리는 아닙니다. 그런
아메리카에는 그가 관계하고 있는 사회운동이나 정
운동이 큰 규모로 존재합니다. 신문이나 TV에 보도
지 않지만요. 아메리카나 이웃나라 한국을 포함히
많은 나라에서 이라크전쟁을 반대하는 데모가 크
있었지만 일본에서는 거의 없었습니다. 그런데도
청난 부수를 자랑하는 신문에 아나키스트 활동기

가능한 인문학

'관념과 사물'의 세계에서 '정보'의 세계로

일찍이 신칸트학파 리케르트는 인문과학과 자연과학을 구별했습니다. 이런 통념은 계속 있어 왔습니다. 하지만 반대의견도 줄곧 있었습니다. 그 가운데 대표적인 것은 정보이론에 기초하고 있습니다.

나는 과거에 노버트 위너의 『사이버네틱』이라는 책을 읽은 적이 있습니다. 위너는 지금까지의 철학은 관념과 물질의 대립 속에서 생각했지만, 정보라는 개념은 이런 양자의 대립을 넘어서는 것이라고 말합니다. 그리고 정보란 차이라고 주장합니다. 예를 들어 개구리는 눈앞의 '벌레'를 보고 있는 것이 아닙니다. 그럼 무엇을 보고 있는가 하면 벌레가 움직이는 것, 움직임이 만들어낸 변화 즉 차이를 봅니다. 바꿔 말해 벌레가 가만히 있으면, 즉 차이가 없으면 개구리에게 벌레라는 대상은 존재하지 않습니다. 그리고 차이=정보는 관념도 대상도 아닌 형식입니다.

인간에 대해서도 같을 것을 말할 수 있습니다. 뭔가

차이가 있고 변화가 있을 때 대상이 존재합니다. 그런데도 그것을 관념이나 실재라고 말하는 것은 이상합니다. 그것은 정보=차이=형식을 '물상화'하는 관점에 불과한 것이 됩니다. 예를 들어 레비-스트로스의 구조주의는 그때까지 인문과학적 대상이었던 것을 이항대립의 다발로 이루어진 구조로 파악했습니다. 다른 관점에서 말하자면, 그것은 인문학과 자연과학이라는 기존의 구별을 정보=차이=형식이라는 관점으로 부정하는 것이었습니다.

정보=차이=형식이라는 문제를 철학적 논의로 삼았던 시기가 있었습니다. 그것이 소위 '현대사상'입니다. 하지만 그런 것이 신선하게 보였던 것은 컴퓨터가 보급되기 전의 논의였기 때문입니다. 예를 들어 데리다는 1970년대에 하이퍼텍스트와 같은 것을 생각했습니다. 참신한 실험이었습니다만, 지금은 당연한 것입니다. 컴퓨터의 발전과 더불어 관념도 물질도 디지털화한 '정보'로 환원가능하다는 말이 현실이 되었습니다. 따라서 '현대사상'도 끝나게 되었지요. 이제 그와 같은 '인문서'는 읽히지 않고 뇌과학자가

가능한 인문학

쓴 책이 읽히고 있습니다. 나는 그런 것이 싫지만요(웃음).

생각해 보면, 하이데거가 옛날에 사이버네틱스 이후에 철학은 어떻게 가능한지 물은 적이 있습니다.[2] 선구적인 질문이었다고 생각합니다. 그것은 지금으로 말하면 컴퓨터 이후 인문학은 어떻게 가능한지 묻는 것이었습니다. 그리고 정보로 환원되지 않는 지식이 어떻게 가능한지 묻는 것이었습니다. 우선 그것은 불가능하다고 해야 합니다. 잘 모르는 사람에게 인문학의 가치를 주장하는 것은 무의미하고 무용하다고 생각합니다. 단 그런 것을 인정한 후에 비로소 어떻게 가능한지 물을 수 있습니다.

물론 이것은 비단 컴퓨터나 테크놀로지만의 문제가 아닙니다. 기본적으로 자본주의의 문제입니다. 상인은 싸게 산 것을 비싸게 팜으로써 이윤을 얻습니다. 산업자본주의도 그처럼 '차이'에서 이윤을 얻음으로

---

2) 가라타니는 『은유로서의 건축』에서 이 물음을 다룬 바 있다. 여기서 문제가 되는 하이데거의 글은 「철학의 종말과 사유의 문제」다.

써 증식하는 원리에 기초하고 있습니다. 다만 그 결과로 인해 서서히 차이가 없어지게 됩니다. 이윤율이 저하합니다. 그러므로 자본주의는 항상 차이를 만들고 새로운 차이를 발견하려고 합니다. 그것이 선진국에서 포화상태가 되면, 바깥의 도상국에서 차이를 발견합니다. 간단히 말하면, 세계화의 과정이지요.

그 결과 세계에서 차이가 소멸되고 있습니다. 물론 차이는 있지만 실제로는 같은 생활을 하고 있습니다. 그러므로 종교나 전통문화 같은 것을 들고 와서 그것에 저항하는 것이지요. 하지만 잘 보면 어디든 같은 것을 하고 있습니다. 어느 나라든 『해리포터』를 읽고 있습니다(웃음). 차이가 있어도 곧바로 소비되고 맙니다. 속도가 매우 빠릅니다. 그러므로 곧바로 소비되는 차이로 말잔치가 벌어져도 어쩔 수가 없습니다.

차이의 소멸과 문화의 죽음

나는 『근대문학의 종언』이라는 책을 냈습니다만,

가능한 인문학

특별히 큰 소리로 "끝났다"고 말하고 다닌 것은 아닙니다. 또 그렇게 해서 문학자를 질타하거나 격려하는 것도 아닙니다. 문학은 어떤가 하는 질문에 그저 "이미 끝났다"고 말한 것뿐입니다. 나는 모르겠다, 당신 하고 싶은 대로 하기를 바란다는 뜻이었습니다.

그런데 이 책을 낸 후 다른 분야의 사람들이 이구동성으로 "문학만 그런 게 아니다"라고 말했습니다. 미술은 끝났다, 건축은 끝났다, 연극은 끝났다, 영화는 끝났다고 말했습니다. 그리고 "록은 훨씬 이전에 끝났다"는 이야기를 들었습니다(웃음).

이전까지 "~이 끝났다"고 하는 것은 무언가 새롭게 시작한다는 것을 의미했습니다. 그런데 오늘날 "끝났다"고 말하는 것은 어떤 새로운 것도 없다. 앞으로도 같은 상태가 계속될 것인데 뭐라 덧붙일 말이 없다. 이와 같은 '종언'입니다. 그러므로 끝났다고 말할 때, 위세당당하게 말하는 것이 아니라 소근소근 말할 수밖에 없습니다.

예를 들어 가야트리 스피박이 수년 전 『어느 학문의 죽음』이라는 책을 썼습니다. '어느 학문'이란 휴머니

Possible Humanites

티즘(인문학)이라기보다 오히려 문학비평입니다. 나는 그녀와 같은 컬럼비아대학 비교문학과에서 오래 가르쳐왔기 때문에 그녀가 하는 말을 잘 알고 있습니다. 예를 들어 꽤 이전부터 문학교사는 학부수업에서 영화를 보여주고 있습니다. 영화가 재미있기 때문이 아니라 그렇게라도 하지 않으면 학생들이 강의를 들으러 오지 않기 때문입니다. 영화를 통해 흥미를 가지지 않으면 문학을 읽지 않습니다. 이렇게 되면, 끝입니다.

파고들어 가면 이런 '끝' 역시 '차이의 소멸'에 있다고 생각합니다. 차이란 구체적으로 말하면 계급적 차이, 남녀의 차이, 연령(세대)의 차이지요. 이것이 없어지면, 파워가 없어집니다. 전통예능이나 문학의 영광은 차별적인 사회구조에 기초하고 있습니다. 노能나 가부키도 원래 그러했습니다. 1960년대에 신극에 대항하여 나온 앙그라연극[3]은 말하자면 가와라모

---

3) 앙그라는 언더그라운드의 일본식 발음으로, 앙그라연극이란 기존의 대본 중심의 연극(신극)에 반발하여 1960년대 중반부터 1970년대에 걸쳐 일어난 연극운동을 가리킨다. 아메리카

가능한 인문학

노河原者4)로 돌아감으로써 활력을 되찾으려고 했습니다. 예를 들어 가라 주조唐十郞는 아카텐트5)에서 연극을 시작했지요.

소설로 말하면 나카가미 겐지이지요. 그는 월등히 뛰어난 작가였습니다. 단순히 지적으로 현대문학의 선두에 섰기 때문이 아니라 그가 가진 힘의 원천에 거대한 차이, 즉 차별의 문제가 있었기 때문입니다. 하지만 이 차이는 80년대가 되면 급격히 쇠퇴합니다. 그것은 첫째 차별이 어느 정도 반反차별투쟁에 의해 해소되었기 때문입니다. 그런데 차별이 줄어든 것은 바람직한 일이지요. 문학을 위해 차별을 원하는 것은 본말전도입니다. 만약 차별이 진정으로 없어진다면 문학 따위는 없어져도 좋습니다.

1960년대의 아메리카에서는 시민권운동, 특히 흑

제국주의를 격렬히 반대한 1960년대의 학생운동 경험을 공유하고 있다. 하지만 세대교체에 실패하고 대표적인 배우들이 TV나 영화 등 제도권으로 옮겨감으로써 쇠퇴하기 시작했고 1983년 데라야마 슈지의 죽음으로 사실상 종말을 맞이한다.
4) 에도시대에 배우가 스스로를 낮추어 부르는 말.
5) 紅テント. 가라 주조가 설립한 극단인 상황극장의 통칭.

인차별에 대한 반대운동이 있었습니다. 하지만 그것이 일정한 성과를 얻자 흑인의 문화적 에너지는 쇠퇴해 갔습니다. 그러므로 중심이 여성, 그리고 게이/레즈비언이라는 장소로 이동해 간 것인데, 그것들도 일정한 해방을 이룸과 동시에 약해지고 있습니다. 이제 문화적 활력은 되지 못합니다. 그와 같은 것이 일본에서도 일어난 것입니다.

현재 '격차사회'라는 것이 활발히 이야기되고 있지만, 이것도 과거와 같은 차이가 아닙니다. 그저 상대적인 가난함에 지나지 않습니다. 과거의 빈곤자에게는 사치스럽게 보일 것입니다. 한편 과거의 빈곤 계층이나 피차별 계층에는 일종의 빈곤문화가 있었습니다. 가난하지만 어떤 의미에선 풍요로웠습니다. 그런 의미에서 지금의 신新빈곤자는 이중으로 빈곤합니다. 그들은 문화를 생산할 힘을 가지고 있지 않습니다.

최근 '이지메' 문제가 다시 이야기되고 있지만, 과거처럼 노골적인 차별이 있었던 시대의 그것과는 다릅니다. 그러므로 이전과 같이 다룰 수 없습니다.

가능한 인문학

변증법 - 인간만사새옹지마

 이렇게 말하면 오해를 받을지 모르며, 또 복잡해서 무엇을 말하고 싶은지 모르는 것처럼 보일지 모릅니다. 그러므로 설명을 해보겠습니다. 간단히 말하면, 그것은 '변증법적' 관점입니다. 변증법이라고 하면, 정 반 합, 모순으로부터의 생성을 생각하지만, 그런 것은 아닙니다. 헤겔 자신이 변증법을 이해하기 위해서는 속담을 보면 된다고 말했습니다. 예를 들어 "급하면 돌아가라." 급한 것과 우회하는 것은 모순됩니다. 따라서 이런 사고를 비합리적이라고 생각하는 사람이 있을지 모릅니다. 하지만 헤겔은 현실이나 현실의 지혜는 변증법적인 것이라고 말합니다.

 '인간만사새옹지마'라는 말도 그렇지요. 좋게 보이는 일은 나쁜 일의 시작이고, 나쁘게 보인 일은 좋은 일의 시작입니다. 물론 사후적으로 보았을 때 그렇다는 것으로, 지금 보았을 때 나쁜 상태가 반드시 좋아진다는 보증은 없습니다. 하지만 대체로 그렇게 생각해도 틀리지 않습니다.

따라서 지금 점점 나빠지는 것처럼 보여도 그것은 오히려 무언가 새로운 것을 생각하기 위해 필요한 과정일지도 모릅니다. 지금 단계는 확실히 심각한 상태이고 더욱 심각해질지도 모르지만, 절망할 필요는 없습니다. 지금의 상태를 낙관적으로 보는 사람들은 몰락합니다. 그러한 역전이 존재합니다. 말하자면 새옹지마. 이것이 변증법입니다. 내 이야기는 그와 같은 것으로 들어주셨으면 합니다.

예를 들어 1980년대의 버블시대에 일본인은 유정천有頂天이 되어[6] 아메리카를 이겼다고 생각했습니다. 아메리카의 부동산을 마구 사들였습니다. 하지만 그 후 바로 몰락했습니다.

또 1990년대 소위 사회주의 국가가 붕괴했을 때, 아메리카의 이데올로그는 자본주의의 승리, 자유주의의 승리를 주장하고 '역사의 종언'을 이야기했습니다. 하지만 그것은 어쩌면 아메리카 몰락의 시작이자

---

[6] 유정천은 불교용어로 구천九天 가운데 가장 높은 하늘을 말하며 매우 우쭐해 한다는 뜻.

자본주의 '종언'의 시작이었습니다. 앞서 차이의 추구가 세계화에 이르렀다고 말했습니다. 하지만 지금 진행되고 있는 형세대로 중국이나 인도와 같은 나라에서 경제가 성장하고 농민인구가 감소해 간다면 세계자본주의는 끝입니다. 하긴 그 전에 환경위기로 심각한 사태에 이르겠지만요. 어쨌든 그렇게 먼 이야기는 아닙니다.

오버닥터는 구제할 필요가 없다

인문서가 팔리지 않으면, 어떻게 하면 좋을까요. 가장 간단한 방법은 국가의 지원금에 기대는 것입니다. 예를 들어 아메리카에서는 작가가 대학에서 가르칠 수 있도록 함으로써 지원을 해왔습니다. 독일에서는 작가에게 장학금을 줍니다. 하지만 나는 그런 것이 훌륭하다, 부럽다고 전혀 생각하지 않습니다.

그렇다면 일본에서는 어떻게 해왔을까요. 예를 들어 고단샤에서는 적자인 문예잡지(『군조』)를 계속

내고 있는데, 그것은 만화 등 다른 분야의 이윤을 사내에서 '재분배'했기 가능했습니다. 이런 방식이 언제까지 계속될 거라고 생각하지 않으며 그만두는 것이 좋을 것입니다. 하지만 그렇게 되면 상업적으로 팔리지 않는 '문학'은 출판되지 않게 되고 많은 작가들은 생활이 어려워질 것입니다.

그렇게 되면 국가의 지원금으로 문학을 유지하지는 이야기가 나올 것입니다. 하지만 나는 그런 이야기가 마음에 들지 않습니다. 전통예능이라면 상관이 없지만 문학을 지원금으로 유지해서 무엇을 어쩌자는 것일까요. 생활이 힘들어도 문학을 하겠다는 사람이 있으면 문학은 살아남을 것입니다. 그래서 나는 내버려 두라고 말합니다.

최근 대학에 오버닥터[7]가 많은데, 어떻게 하면 좋을까요? 나도 아는 학생이 많기에 상담을 하면 난처하기 그지없습니다. 물론 '인문'계 학생들이지요. 대학 전체가 감소하고 있는데 특히 '인문'계는 더 작아지고

---

7) Over Docter. 박사학위를 받았지만 대학에서 정규직 자리를 얻지 못한 사람. 잉여박사라고도 함.

있습니다. 앞으로 학위를 받아도 대학에 자리는 없을 것입니다. 일시적으로 지원을 한다고 해도 문제를 뒤로 미룰 뿐입니다. 애당초 이런 사태가 발생한 것 자체가 지원금 때문입니다.

지금 단계에서는 아직 그것을 개인의 문제나 불운, 능력의 부족, 연줄의 부재라는 차원에서 생각하지만, 해결은 구조적으로 무리입니다. 그렇다면 스스로 알아서 할 수밖에 없지 않나 합니다. 어떻게든 학문을 계속 하고 싶다면 말입니다. 한국에서는 오버닥터인 사람들이 스스로 연구소=학교를 만들어 공부하고 있는 예가 있습니다.

오늘날의 대학시스템에서 학문은 불가능합니다. 근원적으로 사고하는 것이 불가능합니다. 곧바로 성과를 내야 하기 때문입니다. 이것은 '인문'계에 치명적입니다. 사실 그것은 이과계도 마찬가지이지만요. 박사논문 등도 빨리 써야 하는데 패스하기 쉬운 것은 세분화된 테마입니다. 하지만 그런 것은 금방 낡은 게 됩니다. 더구나 애초에 그런 시시한 일을 하려고 대학원까지 갈 필요가 있을까요?

정말로 학문을 하고 싶다면, 스스로 그 형태를 만들어내면 되지 않을까요. 이렇게 말은 하지만 어쩔 수가 없습니다. 단 모두가 그렇게 생각할 때까지는 시간이 걸립니다. 그래서 당분간은 내버려두면 된다고 생각합니다. 구제할 필요는 없습니다! 그리고 무언가가 시작되는 역전을 기다리는 것입니다.

입문서나 요약본은 읽지 마라

예술이나 인문학은 지금 이야기한 것과 같은 상태에 있는데, 어떻게 하면 좋은지 누군가 묻는다면, 이런 식으로 하면 좋을 것이라는 식의 대책을 말할 생각은 전혀 없습니다. 사태가 악화되면 그것으로 좋다고 생각합니다. 하지만 아무리 쇠퇴하더라도 인문적인 학문을 하려는 사람이 반드시 나온다고 확신합니다.

원래 인문학이란 과거의 텍스트를 상대하는 학문입니다. 말하자면 텍스트와 대화하는 것입니다. 그에

가능한 인문학

반해, 자연과학은 지금 실험하여 확증할 수 있는가 없는가에 진리성이 관계하고 있습니다. 그러므로 다른 연구의 성과를 참조하는 일은 있어도 과거와 대화하지는 않습니다. 예를 들어 물리학 교과서는 뉴턴에 대해 몇 줄로 다루고 있을 뿐입니다. 뉴턴을 사상가로 읽지 않습니다. 뉴턴을 사상가로 읽으면 인문학이 됩니다. 말이 나온 김에 덧붙이자면 뉴턴을 사상가로 연구한 사람으로 케인즈가 있습니다. 케인즈도 보통 경제학이론으로만 논해지지만 역시 사상가입니다. 그의 텍스트로 향하면 인문학의 대상이 됩니다.

 인문서를 읽고 싶다고 말하는 사람이 있다면, 하나만 충고하고 싶습니다. 그것은 고전적인 문헌을 원전(번역도 좋습니다)으로 읽어라는 것입니다. 입문서나 그와 관련된 저작을 읽으면 잊어버리게 되지만, 원전을 읽으면 뜻밖에도 잊을 수가 없습니다. 다시 읽지 않아도 살아가는 동안에 이해가 깊어지곤 합니다. 하지만 요약으로 읽으면, 그와 같은 성장이 불가능합니다.

 예를 들어 마르크스에 관해서는 마르크스주의 입문

같은 것은 그만 읽고 귀찮고 잘 몰라도 『자본론』을 읽었으면 합니다. 손쉽게 알고 싶은 사람은 입문서로 충분하겠지만, 원전을 읽어두면 시간이 지나도 깨닫게 되는 것이 있습니다. 입문서 같은 것은 금방 잊어버리게 됩니다.

『성서』에 관해서도 『논어』에 관해서도 마찬가지입니다. 문학도 그렇습니다. 나는 『겐지이야기』를 요사노 아키코의 현대어역으로 읽었는데, 그런 이야기를 하자 어떤 사람이 "문학비평가라고 하는 사람이 『겐지이야기』를 원문으로 읽지 않다니 말이 되는가" 하고 질책했습니다. 맞는 말입니다만, 번역이라고 해도 『겐지이야기』 전권을 읽으면 이후 도움이 됩니다. 예를 들어 모토오리 노리나가를 읽어도 『겐지이야기』 전체가 머리에 들어있는 것과 그렇지 않은 것은 다릅니다. 『겐지이야기』에 대한 논문은 모두 잊어버려도 『겐지이야기』는 지금도 왠지 머릿속에서 살아있습니다.

고전을 읽는 것에 관해 이야기하자면, 이와나미문고가 좋다고 생각합니다. 옛날부터 나는 질문을 받으면 늘 이렇게 말했습니다. 이와나미서점에서 나온 책은 읽지 않아도 되지만, 이와나미문고는 읽어라고요(웃음). 지금도 내 책을 읽겠다고 하면, 먼저 이와나미문고를 읽으라고 말합니다. 예를 들어 칸트, 마르크스의 주요저작은 전부 이와나미문고에 들어가 있으며, 그것들을 읽지 않으면 내 책을 읽어도 의미를 알 수 없으며 스스로 생각할 수 없게 됩니다.

독자는 '외국인'

내가 상정하는 독자는 '외국인'입니다. 실제 나는 영어로 책을 쓰고 있습니다만 그 때문만은 아닙니다. 일본인이라고 해도 젊은 사람은 '외국인'이라고 생각하기 때문입니다(웃음). 예를 들어 '헌법 9조'라고 하면 모두가 알지만, 영어로 쓰면 이런저런 설명을 붙여야 하는 것과 같습니다. 당연하다고 생각하는 것이 '외국인'에게는 당연한 것이 아니기 때문입니다. 젊은 사람들에 대해서도 외국인을 대하는 것과 같은

Possible Humanites

태도를 취하지 않으면 안 됩니다. 이런 말은 알고 있을까, 어떻게 하면 알기 쉬울까 하는 식으로 생각하는 것이 내 사고를 단련시킨다고 생각합니다.

  내가 이야기하는 것은 젊은 사람들에 맞게 말한다는 것과는 다릅니다. 실제로 젊은 사람이 읽을지는 알 수 없습니다. 하지만 읽으면 알 것이라고 생각합니다. 또 앞서 말한 것처럼 인문학을 지향한다고 할까, 이 세계를 바꾸려고 하는 사람이 반드시 나온다고 확신합니다.

(2007년 3월)

가능성으로서의 어소시에이션, 교환양식론의 범위

가라타니 고진

조영일 옮김

가능성으로서의 어소시에이션

◎ 질문자: 가라타니 씨는 세계의 문화인들에게 영향을 끼치고 계십니다. 최근 인물 중에는 이번 코로나사태에서 디지털기술을 최대로 활용한 발빠른 대응으로 세계적인 저명인사가 된 대만의 오드리 탕[1] IT담당 장관이 있습니다. 집대성이라 할 수 있는 『세계사의 구조』(2010)에서는 '교환양식'이라는 관점으로 사회와 역사를 분석하셨습니다. 이제까지 역사의 구조는 마르크스의 커다란 영향 하에서 생산양식을 토대로 삼아 생각해 왔습니다. 하지만 가라타니 씨는 그것으로 제대로 설명할 수 없다, 교환양식에서 출발해야 한다고 제안하셨습니다.

가라타니 씨는 이 책에서 교환양식을 A에서 D에 이르는 네 가지 양식으로 분류하셨습니다. 최초의 교환양식A는 증여와 답례에 근거하는 호수교환, 교환양식B는 약탈과

---

[1] 1981년생. 대만식 이름은 탕펑唐鳳

교환양식론의 범위

재분배를 행하는 복종과 보호의 교환, 교환양식C는 화폐와 상품에 의한 상품교환이며, 그 각각이 근대사회의 구조를 형성하는 세 가지 형태인 네이션(민족), 국가, 자본에 대응합니다.

그리고 D는······. 가라타니 씨는 이 D를 A가 고차원적으로 회복된 것으로서 그 구체적인 형태를 제시하고 계십니다. 오늘은 이 교환양식D를 화제의 중심으로 하여 생각하고 계시는 다음 세계의 존재형태에 대해 자유롭게 이야기를 해주셨으면 합니다. 먼저 도대체 왜 '교환양식'인가요?

세계의 구조에는 유령이 존재한다

가라타니 : 칼 마르크스나 프리드리히 엥겔스가 주장한 유물사관에는 사실 교환양식이라는 개념이 없습니다. 그들은 인간과 자연의 관계에서 오는 생산력과 인간과 인간의 관계에서 오는 생산관계, 즉 '생산양식'이 토대에 있고 그것에 의해 상부구조로서의

가능성으로서의 어소시에이션

정치적이고 관념적인 것이 규정되어 있다고 생각했습니다. 그뿐입니다.

그런데 먼저 막스 베버가 비판한 것처럼 관념적이고 정치적인 상부구조라고 이야기되는 것 중에는 하부구조로 설명할 수 없는 것이 있습니다. 예를 들어 근대자본주의의 '정신'은 프로테스탄티즘적인 것에서 온 것입니다. 그런데 그것은 경제적 하부구조로 설명할 수 없습니다. 오히려 그것이 경제적 하부구조(생산력과 생산관계)를 만들었습니다. 그러므로 베버는 사적 유물론을 원칙적으로 인정하면서 관념적 상부구조의 상대적 자율성을 주장한 것입니다. 즉 관념적 상부구조에는 하부구조에서 오지 않은 무언가가 있다고 말입니다.

하지만 베버도 그것이 어디에서 오는지는 말하지 않았습니다. 그 후 예를 들어 프로이트도 정신분석학의 입장에서 사적 유물론의 한계를 지적했습니다. 이처럼 사적 유물론에 대해 절반은 동의하면서도 그것의 한계를 지적하는 식의 비판이 이어졌습니다. 이에 대해 엥겔스는 자신들은 그런 경제결정론을

교환양식론의 범위

말한 것이 아니다, 그저 경제적인 차원이 크다고 말했을 뿐이라고 반론했습니다. 하지만 이것으로는 불충분합니다. 즉 사적 유물론자도 그에 대한 비판자도 경제적인 차원을 넘어선 관념적인 '힘'이 어디에서 오는지 보려고 하지 않았습니다.

내 생각은 이렇습니다. 그런 관념적인 힘은 경제적 하부구조에서 온다, 다만 그것은 생산양식(생산력과 생산관계)이 아니라 교환양식이다. 또 그로부터는 '생산력'과는 다른 관념적인 '힘'이 나온다. 즉 나는 관념적인 힘이나 정치적인 힘은 경제적 하부구조에서 오는 '힘'이라고 생각합니다. 단 이때의 하부구조란 엥겔스가 말하는 생산양식이 아니라 교환양식입니다. 그래서 나는 지금 설명한 것처럼 교환양식에서 오는 '힘'을 A ~ D라는 네 가지로 구분하여 제시한 것입니다.

마르크스는 물론 사적 유물론자였지만, 사적 유물론이란 실은 젊은 엥겔스가 처음으로 주장한 사고입니다. 포이어바흐의 영향을 받아 '소외론'을 주장한 마르크스가, 즉 소위 '초기 마르크스'가 엥겔스의

가능성으로서의 어소시에이션

영향을 받고 『독일이데올로기』 등을 공저하기에 이릅니다. 그것도 중요한 부분은 엥겔스가 썼습니다.

또 마르크스와 엥겔스는 1848년 단계에서 『공산당선언』을 간행하고 공산주의자동맹을 결성했습니다. 그때 '선언'의 첫 부분에 "지금 유럽에는 하나의 유령이 배회하고 있다, 공산주의라는 유령이."라고 썼습니다. 그로부터 얼마 있지 않아 유럽 각지에서 혁명이 일어났습니다. 혁명운동은 패배했지만, 결과적으로 커다란 변화를 가져왔다고 말할 수 있습니다.

마르크스에 관해 이야기하자면, 그는 이후 런던으로 망명하여 '경제학비판'을 시작했습니다. 이것은 1859년에 제1권이 간행되는 『자본론』에 이어지는 작업으로, 생산과는 다른 차원에서 나오는 '힘'을 논하고 있습니다. 그는 그것을 '물신物神'이라고 불렀습니다. 이것은 그야말로 '영靈'인 것입니다. 물론 농담이지만, 거기에 '힘'이 있는 것은 확실합니다.

마르크스가 '영'이나 '물신'이라는 표현을 사용한 것은 『자본론』뿐으로 다른 곳에서는 말하고 있지 않습니다. 하지만 그는 이전에 '공산주의자라는 유령'

교환양식론의 범위

이라고 말하고, 또 만년의 '고대사회'에 관한 작업에서 다시금 영적인 것에 접근하고 있습니다. 이때 마르크스는 생산력으로 보면 그저 미개하고 야만적인 고대사회(씨족사회)에서 공산주의의 열쇠를 발견하려고 했습니다. 즉 그는 공산주의를 씨족사회의 '자유, 평등, 우애'가 고도로 부활한 것으로 보았습니다. 그 경우 중요한 것은 씨족사회에서의 개인의 독립성입니다. 일반적으로 공동체라고 하면, 집단에 구속되고 개인의 자유로운 활동이 불가능한 것처럼 생각하지만, 그렇지 않습니다. 씨족사회에서 개인은 쉽게 무리를 떠납니다. 집단도 독립적으로 이동합니다.

교환양식으로 말하면 이것은 A가 강한 것입니다. 교환양식A에 대해 처음으로 생각한 사람은 프랑스 사회학자 뒤르켐의 조카인 인류학자 마르셀 모스입니다. 그는 증여교환에 따라다니는 영적인 힘을 발견했습니다. 예를 들어 증여가 왜 이루어지는지, 그리고 증여에 대해 답례가 왜 행해지는지를 생각했습니다. 그때 뉴질랜드의 마리오족의 예에서 '하우hau'라고 불리는 영의 힘을 발견했습니다. 하우는 인간으로

가능성으로서의 어소시에이션

하여금 증여를 하도록 하며, 증여를 받은 사람이 같거나 그 이상의 답례를 하지 않으면 따라다니며 벌을 줍니다. 직접 취재한 것은 아니지만, 모스는 조사를 한 사람들의 이야기를 듣고 하우가 붙어 다니는 형태로 증여가 시작되고 하우에 의해 되돌려줄 수밖에 없는 것으로 미개사회의 증여교환을 묘사했습니다.

모스의 작업을 칭찬한 클로드 레비-스트로스도 이런 생각에는 반발했고 강하게 비판했습니다. 그것은 과학이 아니라고 말입니다. 모스의 이야기는 당시 참신했고 동의할 수밖에 없는 부분이 있었습니다. 그런데 모스가 말한 영의 작용은 아무도 인정하지 않았습니다. 사실 마르크스에게도 그와 같은 것이 있습니다. 예를 들어 마르크스는 『자본론』에서 화폐나 자본을 물신으로 간주했지만, 마르크스주의자는 그것을 그저 농담으로 받아들였습니다.

예를 들어 헝가리 마르크스주의 철학자 게오르그 루카치가 그렇습니다. 그는 마르크스가 말하는 '물신'에 대해 전혀 다루지 않고 마르크스의 또 다른 표현인 '물상화'만을 언급했습니다. 물상화란 인간과 인간의

교환양식론의 범위

관계가 사물로서 나타난다는 것으로, 이로부터 해방되는 것이 공산주의라고 생각했습니다. 그리고 물신화란 그저 조크에 지나지 않는다며 무시했습니다. 그 점에서 일본의 철학자, 히로마쓰 와타루도 다르지 않았습니다. '물신'은 문제 삼지 않았습니다. 그것을 진지하게 문제 삼은 것은 나뿐이 아닐까 합니다(웃음).

교환에서 나타나는 네 가지 유령, 또는 관념적인 힘

마르크스가 말하는 물신은 교환양식C에서 오는 '물신'입니다. 그리고 모스가 말하는 것은 교환양식A에서 오는 '신神'이나 '영靈'입니다. 그런데 마르크스가 『자본론』을 쓸 때 그런 사고방식을 시사한 선행자가 한 명 있었습니다. 영국의 철학자 토마스 홉스입니다. 예를 들어 그는 국가를 논한 책명에 괴물을 가져오고 있습니다. 『리바이어던』(1651). 이것은 구약성서

가능성으로서의 어소시에이션

「욥기」에 나오는 바다괴물입니다. 이 책의 정식 명칭은 '리바이어던, 또는 교회적 시민적인 코먼웰스의 소재, 형체, 및 권력'입니다.

홉스는 나의 언어로 이야기하면 교환양식B를 처음으로 발견한 사람입니다. 보통 국가는 장치, 그것도 폭력적 장치라고 생각합니다. 하지만 무력으로 국가가 생겨나지는 않습니다. 상대가 확실히 따르지 않으면……. 잠깐은 무력으로 무언가가 될 수 있지만, 다음날에는 모두 어딘가로 가버릴지 모릅니다. 모두가 자발적으로 복종하지 않으면, 국가는 성립하지 않습니다. 즉 그것은 '교환'이 되어야 합니다. 복종을 하면 확실히 보호를 받는다고 할 때만 '교환'이 성립합니다.

홉스는 이것을 1642년 세계에서 가장 빠른 시민혁명이었던 청교도혁명에서 발견했습니다. 이 혁명은 18년 후 왕정복고에 의해 실패로 끝났지만, 복고한 왕은 더 이상 절대군주의 왕이 아니었고 지금의 일본 천황과 같은 상징이었습니다. 그것은 국가가 '교환'의 산물이라는 것을 상징합니다. 홉스는 이런 교환양식

교환양식론의 범위

자체에서 리바이어던이라는 괴물이 탄생한다고 생각했습니다.

  이것을 제대로 이해한 이는 마르크스였습니다. 그는 『자본론』에서 화폐, 자본을 물신으로 파악했습니다. 다만 그는 국가에 관해서는 그런 사고방식을 하지 않은 것으로 보입니다. 계급지배를 없애면 국가는 자연스럽게 소멸할 것이라는 것이 오늘날 알려진 마르크스주의자의 사고방식입니다. 하지만 홉스적인 관점에서 보면, 국가가 자연스럽게 소멸하는 일은 없습니다. 실제 러시아혁명에서 국가의 힘으로 계급지배를 없애려고 했지만 국가는 사멸하지 않았습니다. 아시아적 전제국가가 재현되었을 뿐입니다.

  이상으로 교환양식A, B, C로부터 각각 영적인 힘이 나온다고 말할 수 있습니다. 또 하나의 교환양식은 D입니다. 그리고 그로부터 유령이 나옵니다. 앞서 이야기한 것처럼 마르크스와 엥겔스가 젊었던 시절 그것을 지적하고 있습니다. 즉 '공산주의라는 유령'입니다. 모두가 이것을 농담으로 생각하고, 또 대체로 농담이지만, 어떤 의미에서 맞는 이야기입니다. D는

가능성으로서의 어소시에이션

그야말로 '유령'입니다. 그것은 '너머에서 오는' 것입니다. 그리고 그것은 '교환'에서 생겨나는 '관념적인 힘'이라 할 수 있습니다.

2-3년 전에 문득 생각난 것이지만, 자크 데리다의 1993년 저작에 『마르크스의 유령들』이 있습니다. 이 책에서 그는 "마르크스는 수많은 유령들에 의해 포위되어 있다"고 말하고 있습니다. 이것은 반은 농담이지만 매우 진지하지요. 그는 '유령학Hauntology'라는 것을 주장합니다. 즉 'Haunt', 출몰하는 영의 과학이라는 것을 멋대로 고안하고 있습니다(웃음).

데리다는 1980-90년대에 친하게 지냈는데, 나는 이것을 비웃기보다 "당신의 고찰은 분류가 충분하지 않으며 부정확하다"고 말하고 싶습니다. 내가 말하고 싶은 것은 수많은 영이 있는 것이 아니라 네 종류의 영만 있다는 것입니다. A, B, C, D입니다. 이 영들은 서로 다릅니다. 자본주의의 유령(물신)과 국가(괴수), 공산주의(유령)가 다른 것처럼 말입니다. 여기에 있는 '관념적인 힘'은 어딘가 다른 곳에서 오는 것이 아니라 그야말로 각각의 '교환'양식에서 생겨나는 것입니다.

  그런데 이 '교환'은 인간과 인간 사이에 존재합니다. 자연과 인간 사이에는 교환이 없습니다. 물론 헤스나 마르크스가 말한 것처럼 인간과 자연 사이에는 '교통'(대사)이 있습니다. 하지만 그것은 교환이 아닙니다. 다만 산업혁명이 시작되기 전 인간과 자연 사이의 '교통'은 인간과 인간 사이의 '교환'과 동일시되고 있었습니다. 바꿔 말해 애니미즘이 지배적이었습니다. 그러므로 인간은 자연과 교환하고 있다는 견해가 가능했습니다. 하지만 산업혁명 이후 애니미즘이 사라지고 자연계는 그저 대상이 되었습니다. 즉 자연에서 신을 발견하려는 사고는 미신으로 배척되었고 자연은 그저 물적 대상이 되었습니다.

  산업혁명을 가능하게 한 것은 화석연료(석탄, 석유)의 사용입니다. 화석연료란 인간과 자연의 '교통' 관계를 역사적으로 각인시키는 것입니다. 화석을 태울 때, 그야말로 인간과 자연 간 '교통'의 역사를 소각하는 것입니다.

가능성으로서의 어소시에이션

트랜스크리틱에서 새로운 어소시에이션으로

 이번 인터뷰 요청을 받고 과거와 지금의 내 사고방식이 어떻게 변해왔는지를 조금 생각해 보았습니다. 과거라고 해도 2000년의 『트랜스크리틱: 칸트와 마르크스』즈음인 20년 정도 전입니다. 내가 1990년대에 이 책을 쓰기로 생각한 것은 역시 1991년의 소련붕괴 때문입니다. 지금으로부터 30년 정도 전이지요. "마르크스주의는 끝났다"고 이야기되던 때였는데, 나는 오히려 그때부터 마르크스를 다시 읽기 시작했습니다. 『트랜스크리틱』은 그런 작업이었습니다. 그 시점에서 생각한 것이 '교환양식'이었습니다.

 『트랜스크리틱』를 쓰면서 동시에 시작한 것이 NAM, New Associationist Movement입니다. 10년 정도 이어진 『비평공간』(1991-2002)이라는 잡지를 그만두고, 발행원이었던 오타출판太田出版의 사장 다

교환양식론의 범위

카세 요시미치高瀨幸途 등의 친구들과 함께 당시 막 이주한 간사이関西를 거점으로 NAM을 만들었습니다. 다카세 씨는 그 후 2013년 오타출판을 그만두고 생활협동조합의 시민센터에서 활동을 시작했습니다.

그도 공저자로 참여한 『NAM 원리』(2000)는 투쟁의 형태를 '내재적'과 '초출超出적' 두 가지로 구별하고 있습니다. 내재적 투쟁이란 이 세계나 사회 안에서 싸우는 것, 즉 자본주의 안에서 자본주의와 싸우는 것입니다. 이어서 초출적 투쟁이란 자본주의가 아닌 장소를 만드는 것입니다. 물론 그것으로 세계 전체를 바꾸는 것은 불가능하지만 교환양식A에 근거하여 세계를 로컬로 만드는 것은 가능합니다. 화폐도 스스로 만듭니다. 그것이 지역통화지요. NAM은 그런 내재적 투쟁과 초출적 투쟁이라는 양면을 가진 운동이었습니다.

당시 NAM에는 800명 정도 참가하고 있었는데, 대부분 내재적인 사람들이었고 초출적인 사람은 적었습니다. 결국 2년 만에 해산했지만, 그 가운데 말하자

가능성으로서의 어소시에이션

면 '초출적'인 지향을 가진 사람들 간의 교류는 지속되었습니다. 여기서 생겨난 조직으로 associations.jp라는 것이 있습니다. 우리는 '아자파-'2)라고 부르지만요(웃음), 이것은 다카세 씨가 인스크립트 사장인 마루야마 씨와 함께 만든 것으로 동일본대지진을 계기로 높아진 반원전, 탈원전 데모에 참가하기 위한 조직으로 발족되었고 NAM 멤버였던 사람들도 합류했습니다.

2019년 다카세 씨가 갑자기 세상을 떠났기 때문에 추도의 의미를 담아 다카세 씨가 기획한 NAM을 둘러싼 담론을 모은 책(『뉴어소시에이셔니스트 선언』, 2021)을 내게 되었습니다. 나는 이 책에서 마쓰모토 하지메松本哉 씨의 『세계 마누케 반란 입문世界マヌケ反乱の手引書』(2016)3)에 대해 썼습니다. 마쓰모토 씨는 데모를 통해 알게 되었는데 그는 그야말로 초출

---

2) 놀라움과 곤혹감을 나타내는 감탄사로, 젊은 세대에게는 익숙하지 않은 표현이다.

3) 이 책은 다음과 같은 제목으로 번역되어 있다. 마쓰모토 하지메, 『가난뱅이 자립 대작전』, 장주원 옮김, 메멘토, 2017.

적인 인간입니다. 세상적인 기준에서 보면 '마누케マ
ヌケ[4])'지요. 그렇지만 최근 마누케가 늘어났습니다.
예를 들어 도쿄를 떠나려는 사람이 늘었습니다. 옛날
에는 모두 도쿄에 오고 싶어 했는데, 지금은 도쿄를
떠나려는 사람이 많습니다. 이것은 코로나 사태 때문
이 아니라 마누케화의 징조이지요(웃음). 선전을 하
고 운동을 한다고 책을 써서 선동을 한다고 그렇게
되지는 않습니다. 그렇지만 그런 변화가 일어나기
시작하고 있습니다.

마르크스의 『자본론』에서
사라진 '수수께끼'

자본주의 국가가 처음으로 사회주의적이 된 것은
1848년 혁명 이후입니다. 마르크스도 이 시점에 변했
기 때문에 중요한 일이라고 말할 수 있습니다. 이
혁명은 유럽의 모든 지역에서 패배로 끝났지만, 매우

---

4) 멍청이, 얼간이라는 뜻.

기묘한 결과를 낳았습니다. 간단히 말하면, 혁명의 좌절을 통해서 어떤 의미에서 사회주의가 유럽에 실현되었습니다. 즉 1848년 이전에 있었던 사회주의와 달리 국가권력과 연결된 사회주의가 출현했습니다. 그와 동시에 네이션이 형성되었습니다. 즉 자본=네이션=국가가 출현했습니다. 이것은 교환양식으로 말하면 C, A, B의 결합입니다.

구체적으로 말해 마르크스는 1852년 『루이 보나파르트 브뤼메르의 18일』에서 이 혁명을 분석하고 있습니다. 이때 최종적으로 권력을 잡은 것은 루이 나폴레옹(나폴레옹 3세)입니다. 그는 나폴레옹의 조카로 평생 사회주의자였습니다. 이후 대통령에서 황제가 되었습니다만, 앉은키가 커서 말 위의 모습이 빛났기 때문에 '말을 탄 생시몽'으로 불릴 정도로 국제노동운동인 인터내셔널에도 여러 도움을 주었다고 합니다.

한편 독일제국의 초대 재상으로 있었던 이는 오토 폰 비스마르크였습니다. 그는 사회주의자 페르디난트 라살과 사이가 좋았습니다. 이 1848년 혁명 이후 그 동안의 유토피아 사회주의가 아니라 오히려 국가

교환양식론의 범위

에 의해 운영되는 사회주의가 탄생했다고 말할 수 있습니다. 그리고 1870년에 프러시아와 프랑스 간에 전쟁이 일어났습니다. 이것은 어떤 의미에서 최초의 제국주의 전쟁입니다. 그러므로 1848년 유럽혁명은 역사적으로 커다란 갈림길이 되었다고 생각합니다.

이 시기에 세계가 급격히 변했다고 말할 수 있습니다. 일본으로 말하면, 1848년은 메이지유신으로부터 20년 전입니다. 그런데 1894년에 청일전쟁이 일어났습니다. 그것은 사실상 제국주의 전쟁입니다. 그러므로 세계가 급격히 바뀌었다고 말할 수 있습니다. 이를 처음으로 통찰한 이가 마르크스입니다. 그는 1848년 혁명 이후 곧바로 '경제학비판' 작업을 시작했습니다. 그것은 자본제 경제의 특징을 '교환'에서 생겨나는 물신적인 힘으로 보려고 한 작업입니다.

덧붙이자면, 엥겔스도 1848년 혁명 이후 변했습니다. 나는 최근 엥겔스가 2년 후인 1850년에 쓴 『독일농민전쟁』에 대해 생각하고 있습니다. 엥겔스는 이 책에서 독일의 종교개혁가 토마스 뮌처를 높게 평가했습니다. 하지만 당시는 사회주의자라면 종교를 부정하

가능성으로서의 어소시에이션

는 것이 일반적이었기에 이 작업은 주목을 받지 못했습니다. 실제 엥겔스는 만년에 『공상에서 과학으로(의 사회주의의 발전)』(1880)를 쓴 것으로 유명한데, 여기서 이야기되는 과학적 사회주의는 비종교적입니다. 따라서 엥겔스가 1850년에 뮌처론을 썼다는 사실은 중요하게 취급되지 않았습니다.

1880년대에 엥겔스는 원시기독교에 대한 연구를 시작했습니다. 하지만 『공상에서 과학으로』의 영향이 컸던 탓에 그런 작업에 주목하는 사람은 적었습니다. 그런 가운데 엥겔스의 작업을 이어받은 이가 제자인 칼 카우츠키와 에른스트 블로흐였습니다. 블로흐의 초기 작업에는 뮌처에 관한 책인 『토마스 뮌처-혁명의 신학』(1921)이 있습니다.

그렇지만 되돌아보면, 이와 같은 관점은 1848년 혁명의 결과라는 사실을 알게 됩니다. 마르크스나 엥겔스의 인식은 그로부터 왔다고 말할 수 있습니다.

◎ 질문자: 엥겔스는 왜 '교환양식'에까지 생각이 미치지 못했을까요?

교환양식론의 범위

가라타니 : 엥겔스는 젊은 시절에 '생산양식'을 발견한 사람이었습니다. 이후 그는 "이것은 마르크스의 생각으로 자신은 그것의 영향을 받았다"라고 말하고 있지만 거짓말입니다. 원래 자신의 이론이었으며 그 후에도 의견을 바꾸지 않았을 것입니다. 그 점에서 마르크스는 바뀌었습니다. 먼저 그는 포이어바흐의 소외론의 영향을 받았습니다. 그것이 초기 마르크스입니다. 그런데 1842년경 영국에서 돌아온 엥겔스의 생각을 안 후 비로소 '초기'의 사고로부터 벗어났습니다. 그것이 '후기 마르크스'로 간주되고 있습니다. 하지만 그렇지 않습니다. 그는 머지않아 그로부터 벗어났습니다. 그것을 보여주는 것이 그의 '경제학비판'입니다. 그때 그는 교환양식에 주목하게 되었습니다.

마르크스는 『자본론』 제1권의 제2판 서문에서 "나는 헤겔의 제자다"라고 말하고 있습니다. 당시 헤겔은 '죽은 개'로 불렸는데, 마르크스가 굳이 그의 제자라고 말한 것은 헤겔을 존경하기 때문이라기보다 그가

가능성으로서의 어소시에이션

말하는 '정신Geist'이라는 말과 관계가 있습니다. 즉 가이스트는 고스트로, '유령'이지요.

『자본론』은 "자본주의라는 유령이 어떻게 발전하게 되었는가"를 논한 책입니다. 즉 상품이 어떻게 화폐가 되고 자본이 되었는가. 그리고 마지막에 '주식자본'으로 끝납니다. 주식회사란 자본 그 자체가 상품으로 등장하여 매매가 되는 것입니다. 『자본론』 제1권의 첫 부분에는 이렇게 쓰여 있습니다. "자본주의적 생산양식이 지배적인 사회의 부는 '거대한 상품집적'으로서 나타나고 개개의 상품은 이런 부의 구성요소로 나타난다. 따라서 우리의 연구는 상품분석으로 시작한다." 이 상품에는 주식상품도 포함됩니다. 그러므로 『자본론』의 구성은 헤겔의 논리학에 근거한다 하겠습니다.

그런데 마르크스는 『자본론』의 전권 초고를 다 썼지만, 제1권을 낼 때 큰 변경을 가했습니다. 즉 제1권으로 끝나는 형태로 만든 것입니다. 따라서 "자본주의의 마지막 종이 울리다"라고 썼습니다. 즉 『자본론』을 '인터내셔널'을 상징하는 작업으로 만들려

교환양식론의 범위

고 했습니다. 그 점에서 1848년 '공산주의자 동맹'의 출범에 맞추어 『공산당선언』을 낸 것과 닮았습니다. 그 후 엥겔스가 아무리 재촉해도 제2권 이후를 완성하지 않은 것은 그 때문이 아닐까 합니다.

◎ 질문자 : 하지만 엥겔스가 생각해낸 '생산양식'이라는 개념은 그 후 마르크스 경제학의 주축이 되었으며, 아무 것도 없는 곳에서 생겨나는 어떤 이상한 생명력과 같은 '힘' 같은 것을 느끼게 합니다.

가라타니 : 그렇지요. 교환양식이란 생산양식과 함께 나오는 것이기 때문이지요. 그것들은 분리할 수 없습니다.

교환양식A · B · C 후에 오는 것

◎ 질문자 : 그런데 마르크스가 보려고 한 수수께끼, 그가 말하는 '물신'은 수수께끼로 남게 되는 것인가요?

가능성으로서의 어소시에이션

　가라타니 : 물론 그것은 이제 수수께끼가 아닙니다. '물신'이 교환양식C에서 오는 '관념적인 힘'이라는 것을 알고 있습니다. 또 국가도 B에서 오는 '영靈'입니다. 문제는 설사 그것을 알고 있어도 인간의 의지로 그것을 해소할 수 없다는 사실에 있습니다. 그것을 제거하는 힘은 '영'의 힘뿐입니다. 자본물신이나 국가령國家靈을 없애는 것은 교환양식D에서 오는 영뿐입니다. 바꿔 말해 공산주의는 단순히 인간의 의식이나 의지로 실현할 수 있는 것이 아닙니다. 그것도 말하자면 너머에서 오는 것이라 할 수 있지요.

　그런 의미에서 교환양식D는 종교에 가까운 것으로 보입니다. 하지만 종교로 그것을 설명할 수는 없습니다. 종교도 복수의 교환양식에서 오는 힘에 근거하고 있기 때문입니다. 특히 세계에 퍼져있는 소위 세계종교에는 D가 있지만 동시에 교환양식 A, B, C 전부를 가지고 있습니다. 예를 들어 기독교나 이슬람교는 세계종교이지만 D만이 아니라 B나 C를 포함합니다. 그러므로 역사적으로도 강대한 국가를 만들어 왔으며

교환양식론의 범위

물론 재력도 있었습니다. 거기에는 주술적인 요소도 있었습니다. 즉 교환양식A가 근본에 있습니다. 이것이 없으면 아무리 고매한 이념을 이야기하더라도 따르는 사람이 없습니다.

그처럼 종교는 정치적 권력도 경제적인 힘도 됩니다. 가톨릭에서도 교황은 엄청난 사치를 하며 지내고 있습니다. 그 점에서 지금의 프란치스코 교황(제266대)은 소박하고 '소외된 사람들을 위한 교회'를 만들려고 하고, 동시에 바티칸은행(종교사업협회)의 금융범죄와 싸우라는 명령을 내리거나 반핵병기에 대해 언급하는 등 보편종교의 본래 모습, 즉 D적인 요소를 보여주고 있습니다. 그것은 앞서 말한 '마누케'적인 것인데, 그래서 나는 지금의 교황이 좋습니다.

하지만 이탈리아인에게 물으면 이제 이탈리아에 가톨릭신자는 없다고 합니다. 가톨릭도 공산당도 모두 사라지고 지금은 완전히 교환양식C만의 사회가 되어버렸습니다. EU(유럽연합)도 처음 생겼을 때인 20년 전에는 미래가 있었지만, 지금은 그런 이상도 잃어버렸다고 합니다. 이는 특별히 이탈리아만의 일이 아닙니다. 어디든 종교는 쓸모가 없습니다. 그런 상황 자체가 새로운 것이 나올 토양이 될지 모른다고 생각하고 있습니다만……

종교라고 하면, 최근 읽은 책 중에 『아미시의 늙음과 종언』(2021)이 재미있었습니다. 아미시라는 종교집단은 아메리카영화에도 종종 나오며, 나도 오하이오에 갔을 때 그들의 거주지를 방문한 적이 있습니다. 그들은 아직 마차를 타고 있습니다. 차도 전기도 거부하고 옛날 방식대로 살아가고 있습니다. 아미시는 18세기 즈음 스위스에 널리 퍼진 재세례파 중 하나로 처음에 받은 세례가 아니라 자유의지로 선택한 세례가 중요하다는 사고에 의해 성립한 종파입니다. 즉 주위 어른의 뜻에 의해 받은 세례가 가진 의미나 효력을 인정하지 않고 "다시 한 번 <u>스스로</u> 선택하라"는 것입니다. 아미시란 그런 식으로 <u>스스로</u> 선택할 수 있는 조직이지요.

이곳에는 사회나 부모의 강제 때문에 참여하고 있는 사람은 아무도 없습니다. 이점이 대단하다고 생각합니다. 오늘날 아메리카에서는 이런 아미시가

교환양식론의 범위

이상 실현의 하나로 이야기되고 있습니다. 200년 동안 변하지 않는 생활을 하면서 세금은 내지만 사회보장제도에 가입하지 않고 가족이나 커뮤니케이션 네트워크를 통해 서로 도와가며 살아가고 있습니다. 이것은 매우 로컬하고 마누케적인 것으로, 교환양식A에 근거한 사회라 말할 수 있습니다.

한편 교환양식D의 사회에서는 아미시처럼 로컬하게 머무는 것이 아니기에 자동차 정도는 타도 됩니다(웃음). "자동차도 전기도 안 돼" 하고 강제한다면, 그것은 오히려 무서운 국가가 됩니다. 그렇지만 아미시는 로컬하고 마누케인 채로 좋습니다. 나는 『세계사의 구조』에서 아미시에 대해 다루지 않았지만, 그런 것도 염두에 두고 썼습니다.

시스템을 체인지하는 아주변의 가능성

◎ 질문자 : 가라타니 씨는 자신의 공식 웹페이지에 공개한 논고 「교환양식론 입문」에서 교환양식A, B, C는

가능성으로서의 어소시에이션

개별적으로 존재하는 것이 아니라 그것들이 결합하여 사회가 만들어진다고 쓰면서 이 점이 매우 중요하다고 지적하고 있습니다.

가라타니 : 그렇습니다. 국가도 종교도 실제로는 A, B, C가 모두 섞여서 성립합니다. 예를 들어 오늘날의 국가는 네이션=국가, 즉 B와 C의 결합입니다. 아니 그보다는 자본=네이션=국가이지요. 즉 C=A=B입니다.

◎ 질문자 : 그리고 교환양식D에 대해서는 『세계사의 구조』에서 교환양식A의 고차원적인 형태라는 표현을 사용하셨지요.

가라타니 : 네, 교환양식A는 국가인 교환양식B나 시장경제인 교환양식C에 의해 장악되어 버렸기에 네이션이라는 형태가 되었습니다. 본래적인 A가 남아있는 것은 아미시와 같은 경우입니다. 하지만 그것은 로컬하게 머무는 것에 지나지 않습니다. 지금의

교환양식론의 범위

사회에서 교환양식A의 '힘'을 회복하기 위해서는 그것을 보다 고차원적으로 회복해야 합니다. 그런 의미에서 그것은 '신의 힘'이라고 해도 좋습니다.

◎ 질문자 : …… '교환'이 여실히 드러나는 것은 파는 사람과 사는 사람의 교환인 교환양식C라고 생각합니다. 현대사회는 이런 교환양식C에 의해 장악되어 있기에 그 다음인 D를 잘 이미지화할 수 없습니다만…….

가라타니 : 교환양식C가 모든 인류를 결부시키고 있는 것은 분명합니다. A도 B도 그런 '힘'에는 미치지 못합니다. 예를 들어 고대제국이라고 해도 제한적이었고, 몽골제국도 대영제국도 기껏해야 한 지역에 지나지 않았습니다. 그에 비해 교환양식C는 보다 많은 인류를 연결시킬 수 있었습니다. 물신이라고 해도 그것을 무시할 수 없습니다.

교환양식C 이전의 인류는 거리상 지나치게 멀리 떨어져 있었고 서로를 잘 알지도 못했습니다. 쉽게 외국에 갈 수 없게 된 지금의 코로나 상황에서 외국이

가능성으로서의 어소시에이션

얼마나 먼 존재인지 잘 알 수 있지요. 우리가 '인류'라는 의식을 가질 수 있게 된 것 역시 교환양식C의 발전 때문입니다. 세계적인 전쟁이 일어나지 않은 것도 서로를 몰랐기 때문이지요. 하지만 인류는 교환을 통해 이전에는 없었던 문제까지도 짊어지게 되었습니다. 자연과의 관계에서도 마찬가지입니다.

유동민 단계에서는 환경문제도 적었고 문제가 있어도 다른 곳으로 가면 그만이었습니다. 그것이 교환양식A의 시대입니다. D는 그런 의미에서 A의 '고차원인 회복'으로 나타납니다. 그것이 언제 어떻게 나왔는지에 대해서는 『세계사의 구조』에서 어느 정도 썼습니다만, 지금 쓰고 있는 『힘과 교환양식』이라는 책에서 그에 대해 다시 사고하고 있습니다.

교환양식D는 기원전, 제국이 생긴 단계에서 생겼다고 말할 수 있습니다. 제국은 교환양식B의 산물이지만 오히려 교환양식D 없이는 성립하지 않았습니다. 즉 단순히 B만 있으면 되었던 것이 아니라 D가 필요했던 것입니다. 예를 들어 내가 생각하기에 가장 오래된 교환양식D의 출현은 기독교나 유대교가 아니라 그보

교환양식론의 범위

다 이전에 있는 조로아스터교입니다. 조로아스터교는 국가주의와는 무관하게 등장한 종교인데, 페르시아 제국이 그것을 채용했습니다. 당시의 제국은 B에 의해 생겨난 것이지만 일정 규모 이상으로는 성립하지 않았습니다. 그러므로 그것은 D 즉 보편종교를 필요로 했습니다.

다만 이것은 이번 책의 테마 중 하나이기도 한데, 문화를 논하기 어려운 이유는 문화가 발전하기 위해서는 오히려 미개성이 필요하기 때문이지요. 예를 들어 게르만인은 매우 야만적인 민족으로 아시아 문명에 넣을 수 없으며 로마문화와도 관계가 없었습니다. 그렇지만 남하를 반복하여 로마제국의 영토에 침입한 후 로마를 알고 그리스를 알고 기독교를 알게 되었습니다. 로마는 그들로 인해 멸망했지만 그들은 로마가 걸은 길을 걷지 않았습니다. 특히 서쪽 게르만인은 독일이나 영국 등 다음 세계를 만들기에 이르렀습니다.

교환양식으로 말하면 게르만인은 A를 유지하고 있었습니다. 그러므로 미개적인 동시에 B에 복종하지

가능성으로서의 어소시에이션

않는 독립성을 유지하고 있었습니다. 미개성이란 그와 같은 것으로 문명이 발전하면 중심에서는 사라지지만 주변부에는 남는 것입니다. 이것은 내가 『세계사의 구조』에서도 채용한 '아주변'의 논리지요.

나는 칼 비트포겔이라는 사회학자가 제기한 '중심, 주변, 아주변'이라는 생각에 시사를 받았습니다. 왜냐하면 역사적으로 보면 재미있는 지역은 모두 아주변적이기 때문입니다. 그곳에는 미개성이 존재하며 의외의 발전도 있습니다. 일본도 그 중 한 예입니다. 아시아문화의 중심인 중국에서 한국이나 베트남은 주변이지만 일본은 아주변입니다. 중심으로부터 문명을 섭취하지만 전면적으로 하지는 않습니다. 따라서 싫은 부분은 받아들이지 않습니다. 그러므로 미개적이지만 독자적으로 발전할 수 있습니다. 사실 고대의 그리스나 로마가 그러했습니다. 그들은 이전의 페르시아제국 등에서 보면 아주변, 즉 야만적인 무리였습니다.

교환양식B가 강해지면 중심은 엉망이 되어 갑니다. 고대문명의 한계는 여기서 생긴다고 생각합니다. 그

교환양식론의 범위

곳에서는 교환양식B인 국가가 시장경제를 마음대로 통제하기 때문에 파괴와 혁신을 할 수가 없습니다. 그에 반해 게르만사회의 경우 절반은 미개인이었습니다. 선행하는 고대 그리스로마의 문화를 적당히 이어받으면서 동시에 자신들의 문화를 유지했습니다. 바꿔 말해 아시아에서 오는 B나 C로 억누를 수 없는 A의 요소를 유지하려고 했습니다.

이어서 게르만인 중에도 중심은 로마제국을 이어받은 체제를 만들려고 했지만, 아주변에는 중심의 문명을 받아들이면서 미개성을 유지한 사회가 있었습니다. 영국이 그러했습니다. 그리고 거기서 처음으로 산업자본주의가 생겨났습니다. 영국의 역사가 흥미로운 점은 단순히 자본주의의 발전 때문이 아닙니다. 예를 들어 현재도 영국은 작은 나라지만 아직도 정치적으로 통일되어 있지 않습니다. 아일랜드계는 말할 것도 없이 스코틀랜드도 영국으로부터 반은 독립적입니다. 남아있는 교환양식A가 국가에의 종속에 저항하고 있는 것입니다.

가능성으로서의 어소시에이션

교환양식D의 사회는 너머에서 온다

◎ 질문자 : …… 세계를 이해하는 데 있어 중심과 주변만이 아니라 아주변을 보는 것이 매우 중요하다고 생각합니다. 그런 아주변이나 미개성과 가라타니 씨가 말하는 관념적인 힘은 어떻게 관계하는지요.

가라타니 : 간단히 말하면, 아주변과 미개성에는 교환양식A가 남아있다는 말입니다. 이것은 A의 고차원적인 회복인 D를 생각할 때 중요합니다.

나는 앞으로 세계 각지에서 전쟁이 일어날 거라고 생각합니다. 1990년 소련이 붕괴한 시점에 '역사의 종언'이 이야기되었습니다. 그것은 러시아혁명 이후 형성된 세계체제의 종언을 의미했습니다. 하지만 그것을 통해 '영원한 평화'에 가까워지는 것은 아닙니다. 오히려 제2차 대전 후 미소가 구축한 냉전체제가 끝나고 그 이전인 뜨거운 전쟁의 시대로 돌아가는 것입니다. 즉 19세기말부터 이어진 '제국주의 전쟁'

교환양식론의 범위

의 시대로 돌아갔다고 말할 수 있습니다.

예를 들어 최근 이전까지는 없었던 '국경' 분쟁이 세계 각지에서 발생하고 있습니다. 더구나 그것은 산지는 물론이고 해저, 지하, 우주에 이르고 있습니다. 그런 의미에서 21세기에 들어서자 '역사의 종언'은커녕 19세기 후반 이후의 제국주의 역사를 반복하게 됩니다.

그런 점을 통해 내가 다시 생각하게 된 것은 유엔 문제입니다. 소련의 붕괴와 함께 유엔의 존재가 희미해졌습니다. 유엔(국제연합)의 전신은 제1차 대전에서 승리한 연합국이 중심이 되어 1920년에 생겨난 국제연맹입니다. 러시아혁명이 제1차 대전에서 생겨난 것처럼 이것도 대전의 산물로 생겨난 것입니다.

하지만 이때 아메리카는 참여하지 않았고 뒤늦게 소련이 가입했지만 이후 핀란드 침공으로 인해 제외되었습니다. 결국 국제연맹은 무력해집니다. 그리고 일본과 독일이 탈퇴하여 사실상 거의 기능하지 않았습니다. 국제연맹의 설립에 커다란 영향을 주었다고 간주되는 『영원한 평화를 위하여』(1795) 등을 저술

가능성으로서의 어소시에이션

한 칸트의 이상주의는 말도 안 되는 한심한 이야기로 비판을 받았습니다. "국가 간의 분쟁은 전쟁에 의해서만 해결된다"며 국가의 중요성을 강조한 헤겔이 인용되면서 말입니다.

하지만 나는 이 점과 관련하여 깨달은 바가 있습니다. 그것은 국제연맹의 설립자들이 대체로 귀족이었다는 사실입니다. 일본에서는 니토베 이나조나 야나기타 구니오입니다. 그들은 무급으로 스위스 제네바에 가 있었습니다. 국제연맹의 초대사무총장으로 근무한 에릭 드러먼드도 스코틀랜드 귀족 출신으로 무급으로 일하고 있었습니다. 그런데 그렇게 할 수 있는 귀족이었기에 국가의 힘에 종속되지 않았습니다. 그러므로 국제연맹의 초기에는 그런 귀족들이 일정한 역할을 했습니다.

예를 들어 제네바에 간 야나기타는 위임된 나라를 통치하는 국제연맹위임통치위원으로도 취임했습니다. 또 세계공통어인 에스페란토를 배우고 그것의 보급에 열심이었으며, 일본으로 돌아와서도 그 일을 계속했습니다. 그는 민속학자로 명성이 높지만, 그와

교환양식론의 범위

같은 측면은 알려져 있지 않습니다. 국제연맹에는 그와 같은 귀족이 많았습니다. 그들이 리버럴했다기보다는 귀족 자체가 초국가적인 존재로 매우 중요한 요소였습니다.

한편 제2차 세계대전 후에 생겨난 유엔은 미소가 가입을 했기에 힘을 가지게 되었지만, 미소의 평화공존을 위한 수단에 지나지 않았습니다. 그러므로 유엔에서의 결의는 미소의 의도에 따른 것일 수밖에 없었고, 그랬던 한쪽인 소련이 붕괴함으로 유엔의 역할은 사실상 끝나버렸습니다. 따라서 소련 붕괴 후 유엔은 더 이상 의미가 없다고 이야기됩니다. 무력하게 된 것은 확실합니다. 하지만 없어진 것은 아닙니다. 아직 의미가 있다고 생각합니다.

유엔에는 '유엔시스템'이라는 운영 조직체가 있는데, 상임이사국이 커다란 권력을 가진 안전보장이사회도 그 중 하나입니다. 하지만 그와 다르게 로컬하고 소규모인 조직도 많이 참가하고 있으며 각각 독자적인 과제를 가지고 독립적으로 활동하고 있습니다. 유엔에서 그것들이 연결될 수 있는 것입니다. 그것을

가능성으로서의 어소시에이션

어소시에이션이라고 해도 좋다고 생각합니다. 그것을 통해 국가를 넘어선 문제, 예를 들어 지구 규모의 환경문제와 씨름하기 위한 협력체제를 만드는 것도 가능합니다.

나는 10년 정도 전에 유엔 관계자와 교류한 적이 있는데, 『세계사의 구조』에서 유엔의 가능성에 대해 다룬 것을 계기로 유엔에서 영어판을 읽은 사람을 위해 강연을 해주었으면 한다는 의뢰를 받은 적이 있습니다. 스케줄 문제 등으로 결국 실현되지는 못했지만, 적어도 그 시점에 내부 사람들에게 들은 이야기를 들으면 아직 여러 가능성이 유엔에 있다고 느꼈습니다. 지금도 국가 간의 문제, 지구 규모의 문제를 다루는 곳으로는 특별한 존재입니다. 국가도 쉽게 개입할 수 없기 때문입니다.

그러므로 '유엔시스템'은 국가를 넘어서 있다는 의미에서 지금도 귀족적이지 않을까요. "유엔은 이제 낡았다"고 말하는 사람도 있지만, 오히려 그런 것이야말로 낡은 생각으로 유엔시스템은 앞으로 세계공동조합과 같은 것이 될 가능성을 가지고 있기에 미래에

교환양식론의 범위

공산주의가 가능하다면 '유엔시스템'이 분명 그 모체 중 하나가 될 것입니다.

◎ 질문자 : 그렇다면 다가올 사회의 구조는 교환양식B의 국가나 C의 자본을 진화시키는 것이 아니라 무언가 새로운 것, 교환양식D를 초래하기 위해 우선 지금까지의 교환양식과 같은 사고방식을 감속시키거나 그로부터 벗어나는 것이 필요하다는 말씀이시군요.

가라타니 : 그렇습니다. 하지만 D는 우리가 의식적으로 계획하거나 실현할 수 있는 것이 아닙니다. 우리에게 가능한 것은 교환양식A를 의식적으로 확장하는 것이지요. 이것은 19세기의 오웬이나 프루동과 같은 유토피언이 하려고 한 것입니다. 물론 그것은 소규모이고 국가에 대항할 수 있는 것은 아닙니다. 하지만 예를 들어 생활협동조합과 같은 교환양식A에 입각한 조직이 많이 있다면, 의식적으로 그것을 선택할 수 있을 것입니다. 또 앞서 이야기한 '유엔시스템'이 주로 관련된 것도 교환양식A에 근거한 사회이지요.

가능성으로서의 어소시에이션

물론 그것들은 어디까지나 소규모인데, 오히려 그렇기 때문에 좋다고 생각합니다.

한편 교환양식D는 우리가 선택하거나 계획하거나 할 수 있는 것이 아닙니다. 그것은 말하자면 '너머에서 오는' 것입니다. 그리고 그것이 도래할 때, 국가와 자본, 즉 B와 C의 영들이 소멸하게 됩니다. 언제 그렇게 될지는 알 수가 없습니다. 하지만 반드시 그렇게 될 것이라고 생각합니다.

예를 들어 지금은 아이들까지 스마트폰을 가지고 교환양식C의 세계에 흠뻑 빠져 있습니다. 이런 급격한 변화는 말하자면 물신이 가져온 것입니다. 하지만 예를 들어 앞서 이야기한 것처럼 최근 도쿄로의 유입보다 도쿄에서 유출되는 인구가 많아지고 있습니다. 이것은 코로나사태 때문이 아닙니다. 내가 교환양식D로서 생각하는 앞으로의 세계가 가진 가능성은 그런 변화와 닮아있습니다. 무리하게 하려고 해도 안 되는 것이 무리하게 하려는 것이 파탄난 후에 자연스럽게 모습을 드러냅니다……

교환양식론의 범위

◎ 질문자 : 이번 특집인 '시스템 체인지'5) 앞에 있는 것은 "새로운 자본주의다"라고 이야기하는 사람도 있습니다만, 그것도 결국 이익을 증가시키는 것으로 수렴되고 있습니다.

가라타니 : 맞습니다. '새로운 자본주의'는 오히려 '새로운 국가주의'이지요. 자본은 교환양식C이고 국가는 교환양식B인데 모두 교환에서 오는 관념적인 힘에 근거하고 있습니다. 마르크스가 말하는 '물신', 홉스가 말하는 '괴물'입니다. 그것들은 인간의 머리에 깊이 박혀 있습니다. 그러므로 의도한다고 해서 사라지지 않습니다. 하지만 다른 곳에서 다른 관념이 도래하면 다릅니다. 그것이 교환양식D입니다. 그것은 '신'이라고 해도 좋습니다.

실제 이것은 기독교에서 '종말론'으로 이야기되어 온 것입니다. 하지만 나는 그것을 기존의 언어로 이야기하고 싶지 않습니다. 앞서 이야기한 것처럼 기독교

---

5) 이 인터뷰는 잡지 『談』(2022년 3월 1日)의 특집인 〈시스템 체인지〉의 일환으로 이루어졌다.

라고 해도 역사적으로는 D보다도 A, B, C가 중심이었으니까요. 한편 교환양식의 관점에서 보면, D적인 것은 다른 종교나 비종교적인 것에서도 발견됩니다. 그러므로 나는 D를 종교문제로 말하지는 않습니다.

◎ 질문자 : 오늘 긴 시간 동안 좋은 말씀을 해주셔서 감사합니다.

(2021년 12월 15일)

가라타니 고진 문헌

김상혁
정리

가라타니 고진 문헌

 * 모든 자료는 흐름을 참고할 수 있도록, 특별한 경우를 제외하고 연도, 저자 및 출처 순으로 정리했다. 제목(부제)에 가라타니 고진이 명기된 글만 선별했고, 간접적으로 다룬 글의 경우 양이 너무 많고 분류하기가 어려워 제외했다. 비평의 경우 번역문도 포함시켰다.
 * 일어권 자료의 경우, 단행본 연구서와 잡지 특집만 모았다.

국내

가. 저서

조영일, 『가라타니 고진과 한국문학』, b, 2008.
박가분, 『가라타니 고진이라는 고유명』, 자음과모음, 2014.

나. 북챕터

김영건(2000), 「근대성과 주체성 반성—김윤식과 가라타니 고진」, 『철학과 문학비평, 그 비판적 대화』, 책세상, 71-93.
류동민(2007), 「생산 – 소비협동조합의 이론적 근거: 가라타니 고진의 『트랜스크리틱』을 중심으로」. 김형기 엮음, 『대안적

발전모델: 신자유주의를 넘어서』, 한울, 76-94.
조영일(2010), 「가라타니 고진: 교환 X로서의 세계공화국」, 홍태영 외, 『현대 정치철학의 모험』, 난장, 119-165.
이정은(2013), 「가라타니 고진: 맑스의 가능성, 세계공화국으로?」, 한국철학사상연구회, 『다시 쓰는 맑스주의 사상사: 맑스에서 지젝까지, 오늘의 관점으로 다시 읽는 맑스주의』, 오월의 봄, 441-484.

나. 학위논문

권기영, 『테란바그Terrain Vague의 장소성 구현 방법에 관한 연구 - 가라타니 고진의 타자성과의 비교를 중심으로』(석사논문), 인하대학교, 2011.
김상혁, 『가라타니 고진의 사상체계에서 발전의 양상과 주체의 의미에 관한 교육론적 고찰』(석사논문), 서울대학교, 2018.

다. 학술논문 / 비평

정운영(1999), 「가라타니 고진 『마르크스 그 가능성의 중심』」, 『출판저널』(262), 12-12.
박유하(1999), 「정운영의 '가라타니 고진' 서평을 반박한다」, 『출판저널』(263), 16-16.
김종구(2001), 「가르침의 의미회복과 타자의 존재가능성-가라타니 고진을 교육적 관점으로 읽기」, 『중등우리교육』,

117-121.

박진우(2004), 「가라타니 고진과 천황제 그리고 전쟁 책임」, 『오늘의문예비평』, 252-266.

井口時男. 류교열 역(2004),「장르의 위기와 패러독스로서의 비평 ─가라타니 고진의 비평세계」, 『오늘의문예비평』, 267-295.

이승렬(2005), 「'근대문학의 죽음'과 이론교육」, 『문학교육학』 (18), 33-50.

신명아(2006), 「라캉의 실재와 가라타니의 '초월비평'」, 『현대정신분석』, 8(1), 7-34.

오길영(2007), 「윤리와 문학 : 가라타니 고진을 중심으로」, 『인문학연구』, 34(1), 81-104.

전규찬(2007), 「독백공간의 탈구축, 교통공간의 복구─가라타니 고진의 사유에 대한 커뮤니케이션 이론적 고찰」, 『한국방송학보』, 21(2), 546-582.

조영일(2007), 「비평의 노년─가라타니 고진과 백낙청」, 『오늘의문예비평』, 111-170.

조영일(2007), 「비평의 운명 : 황종연과 가라타니 고진」, 『작가세계』, 19(1), 321-351.

박영균(2008), 「대안적 세계화와 비국가로서의 국가: 가라타니 고진의 세계공화국을 중심으로」, 『문화/과학』, 156-181.

이명원(2008), 「문학 너머의 문학=김종철과 가라타니 고진 비평의 특이점」, 『실천문학』, 262-277.

오형엽(2009). 「가라타니 고진 비평의 비판적 검토」, 『한민족어문학』, 55, 361-395.

KARATANI Reference

윤여일(2009), 「비평의 장소 = 가라타니 고진을 매개로 삼아」, 『황해문화』, 321-347.

이지원(2009), 「가라타니 고진의 『자본』 읽기 – 가치형태론을 중심으로」, 『진보평론』, 277-303.

임선애(2009), 「가라타니 고진과 문학의 외부」, 『한국말글학』, 26, 87-106.

임선애(2010), 「트랜스크리틱과 시차(視差)적 관점 – 가라타니와 지젝의 차이」. 『현대사상』, 6, 87-100.

조영일(2010), 「K선생과의 대화」, 『문화과학』, 64, 281-297.

박가분(2011), 「가라타니 고진에 대한 비판적 노트」, 『진보평론』, 50, 194-220.

김상준(2011), 「진관다오의 '초안정적 봉건사회론'과 가라타니 고진의 '아시아적 사회구성체론' 비판」, 『경제와 사회』, 90, 166-200.

허병식(2012), 「가라타니 고진과 한국근대문학의 종결(불)가능성」, 『사이』, 13, 9-32.

김성우(2013), 「가라타니 고진의 '세계공화국'에 대한 지젝의 비판」, 『시대와 철학』, 24(3), 179-209.

김현(2013), 「칸트주의적 맑스 해석에 대한 비판적 고찰 – '가라타니 고진의 논의'를 중심으로」, 『범한철학』, 69(2), 173-203.

박민호(2013), 「전지구적 자본주의 시대, 동아시아 지식인은 국가를 어떻게 사유하는가? – 가라타니 고진과 왕후이의 논의를 중심으로」, 『중국현대문학』, 67, 1-32.

서익원(2013), 「『일본 근대문학의 기원』을 이루는 풍경과 루소의

가라타니 고진 문헌

작품에 나타난 풍경의 비교 = 가라타니 고진의 『일본 근대문학의 기원』에서 설명된 풍경과 루소의 『신 엘로이즈』에 나타난 풍경을 중심으로」, 『아시아문화연구』, 29, 189-213.

안천(2013), 「가라타니 고진과 '보편'」, 『한국학연구』, 29, 181-206.

유재건(2013), 「카라따니 코오진의 '교환양식론'과 맑스」, 『한국민족문화』, 48, 137-162.

정승원(2013), 「무의식과 세계공화국-프로이트와 칸트에 대한 가라타니 고진의 트랜스크리틱」, 『현대사상』, 11, 115-134.

박도영(2014), 「규제적 이념은 '억압된 것의 회귀'로서 도래한다 = 가라타니 고진의 『세계사의 구조』에 대한 소고」, 『마르크스주의 연구』, 11(4), 134-158.

복도훈(2014), 「가라타니 고진을 '읽는다는 것'」, 『문학동네』, 21(2), 1-13.

이영일(2014), 「가라타니 고진의 '풍경'으로 읽는 야나기 무네요시의 '비애미'」, 『기초조형학연구』 15(6), 479-492.

이정은(2014), 「자본주의의 철학적 트로이 목마? - K. 고진의 어소시에이션에서 사회주의 읽기」, 『헤겔연구』 35, 229-257.

김석수(2015), 「추상과 실재의 관계에서 본 화폐 - 칸트와 고진의 이론을 중심으로」, 『가톨릭철학』 24, 39-72.

유재건(2015), 「카라따니의 교환양식론과 맑스의 유물론적 역사관」, 『코기토』 78, 400-422.

이정은(2016), 「칸트화된 마르크스, 마르크스화된 칸트-K. Kojin의 어소시에이션을 둘러싼 비판적 독해」, 『시대와 철학』

27(3), 241-291.

조경란(2016), 「중국은 '제국의 원리'를 제공할 수 있는가 = 가라타니 고진의 『제국의 구조』에 대한 비판적 분석」, 『역사비평』 116, 319-352.

최종천(2016), 「가라타니 고진의 칸트 읽기를 통한 세계공화국 구상」, 『남도문화연구』 31, 189-221.

김영철(2017), 「가라타니 고진의 『세계사의 구조』에 나타난 교환양식과 교육의 양상」, 『아시아교육연구』 18(4), 539-561.

박민호(2017), 「미래 문학의 '가능성'과 '불가능성' - 힐리스 밀러와 가라타니 고진의 문학종언론에 관한 일고찰」. 『세계문학비교연구』 60, 5-24.

박도영(2018), 「가라타니 고진의 『제국의 구조』에 대한 소고」, 『사회경제평론』 31(1), 147-171.

황인석(2019), 「가라타니 고진의 이토 진사이 독해 - '내재 = 초월' 관념의 비판을 중심으로」, 『인문논총』 76(4), 295-324.

김영철(2021), 『세계사의 구조』와 『안티 오이디푸스』에 나타난 사건적 교육의 해석적 비교, 『교육연구논총』 42(1), 1-34.

가라타니 고진 문헌

영어권

영어권 자료의 경우, 국내 자료에 비해 상대적으로 생소할 수 있는 국내 독자를 위해 가라타니 고진의 번역서와 번역문도 가능한 포함시켰다. 국내 저자의 것도 영어로 된 것은 포함시켰다.

가. 가라타니 영역본

Karatani, K. (1993). *Origins of Modern Japanese Literature*. (B. de Bary trans.) Durham, N.C.: Duke University Press.

Karatani, K. (1995). *Architecture as Metaphor: Language, Number, Money*. (S. Kohso trans.) Cambridge, MA: The MIT Press.

Karatani, K. (2003). *Transcritique: On Kant and Marx*. (S. Kohso trans.) *Cambridge,* MA: The MIT Press.

Karatani, K. (2012). *History and Repetition*. (S. M. Lippit trans.) New York, N.C.: Columbia University Press.

Karatani, K. (2014). *The Structure of World History: From Modes of Production to Modes of Exchange*. (M. K. Bourdaghs trans.) Durham, N.C.: Duke University Press.

Karatani, K. (2017). *Isonomia and the Origins of Philosophy*. (J. A. Murphy trans.) Durham, N.C.: Duke University Press.

KARATANI Reference

Karatani, K. (2017). *Nation and Aesthetics on Kant and Freud.* (J. E. Abel, D. H. Tsen & H. Yoshikuni trans.) New York, N.C.: Oxford University Press.

Karatani, K. (2020). *Marx: Toward the Centre of Possibility.* (G. Walker trans.) London: Verso.

나. 저서

Fuminobu, M. (2005). *Postmodern, Feminist and Postcolonial Currents in Contemporary Japanese Culture: a Reading of Murakami Haruki, Yoshimoto Banana, Yoshimoto Takaaki and Karatani Kojin.* New York, N.C.: Routledge.

Bauwens, M. & Miaros, V. (2017) Value in the Commons Economy: Developments in Open and Contributory Value Accounting. P2P Foundation.

Lee, S. T. (2017). *Rethinking the University: Structure, Critique, Vocation.* Oxford: Counterpress.

커먼즈의 사례들에 관한 Bauwens & Miaros(2017)는 가라타니의 교환양식론을 하나의 주요한 이론적 토대로 삼고 있으며, 다음과 같이 국내에 번역되어 있다.

조윤경 역(2020). 커먼즈 경제에서의 가치 문제: 개방형 기여

가치 회계의 발전. 서울: 칼폴라니사회경제연구소협동조합/지식공유지대.

Lee(2017)는 '대학'과 관련하여 가라타니의 논의에 의존하고 있으며, 가라타니의 영어권 수용 현황을 부록으로 간단히 다루고 있다.

다. 북챕터

우선 가라타니에 의한 북챕터 저술은 다음과 같다.

Karatani, K. (2010). The Irrational Will to Reason: The Praxis of Sakaguchi Ango. J. Dorsey & D. Slaymaker. (eds.) *Literary Mischief Sakaguchi Ango, Culture, and the War*. Lanham, Md.: Lexington Books, pp. 23-33.

Karatani, K. (2017). On the Simultaneous World Revolution. J. C. H. Liu & V. Murthy. (eds.) *East-Asian Marxism and their Trajectores*. London and New York: Routledge, pp. 71-84.

그 외엔 다음과 같다.

Ku, D-W. & Yeo, H-B. (2010). Alternative Development: Beyond Ecological Communities and Associations. Q.

KARATANI Reference

Huan (ed.) *Eco-socialism as Politics: Rebuilding the Basis of Our Modern Civilisation*. Dordrecht: Springer, pp. 163-180.

Yano, S. (2012). The Sense of Indebtedness to the Dead, Education as Gift Giving: Tasks and Limits of Post-War Pedagogy. P. Standish & N. Saito (eds.) *Education and the Kyoto School of Philosophy: Pedagogy for Human Transformation*. Dordrecht: Springer, pp. 221-231.

Yano(2012)의 경우에는 가라타니의 관점에서 교육을 다루고 있는 영어권의 핵심저술에 해당된다.

라. 학술논문
 a. 가라타니 저술 논문

Karatani, K. (1991). The Discursive Space of Modern Japan. (S. M. Lippit trans.) *boundary 2, 18*(3), 191-219.

Karatani, K. (1998). Uses of Aesthetics: After Orientalism. (S. Kohso trans.) *boundary 2, 25*(2), 145-160.

Karatani, K. (2005). Architecture and Association. *Semiotic Inquiry, 17*, 17-29.

Karatani, K. (2006). The Ideal of East Asia. 『영상문화』, 11, 50-65.

Karatani, K. (2007). World Intercourse: A Transcritical

Reading of Kant and Freud. (H. Yoshikuni trans.) *Umbr(a): a Journal of the Uncounsicous, Semblance*, 139-167.

Karatani, K. (2008). Revolution & Repetition. (H. Yoshikuni trans.) *Umbr(a): a Journal of the Uncounsious, Utopia*, 133-149.

Karatani, K. (2008). Rethinking Sōseki's Theory. *Japan Forum, 20*(1), 9-15.

Karatani, K. (2008). Beyond Capital-Nation-State. *Rethinking Marxism, 20*(4), 569-595.

Karatani, K. (2010). A Trespasser – Mourning Masao Miyoshi. (M. T. Hoashi trans.) *Inter-Asia Cultural Studies, 11*(3), 427-428.

Karatani, K. (2016). Capital as Spirit. *Crisis & Critique, 3*(3), 166-189.

Karatani, K. (2018). Neoliberalism as a historical stage. *Global Discourse, 8*(2), 191-208.

Karatani(2005), Karatani(2006)의 경우 한국기호학회가 발행하는 『기호학연구』 및 한국영상문화학회에서 발행하는 저널에 영문으로 실린 논문에 해당한다. Karatani(2018)에는 다음과 같은 'reply' 페이퍼가 함께 실려있다.

Wainwright, J. (2018). Capitalism, imperialism, and modes of exchange: a reply to Karatani. *Global Discourse, 8*(2),

KARATANI Reference

208-214.

Wainwright는 영어권 가라타니 연구자 중 한 사람으로, 다음과 같은 인터뷰도 있다.

Karatani, K. & Wainwright, J. (2012). 'Critique is impossible without moves': An interview of Kojin Karatani by Joel Wainwright. *Dialogues in Human Geography, 2*(1), 30-52.

b. 가라타니 특집호

그 외 연구논문들 중, 가라타니 특집호로 출판된 다음 저널의 권호를 우선 살펴볼 수 있다.

Journal of Japanese Philosophy, 4: Special Issue on Karatani Kōjin. State University of New York Press.

이 저널에는 다음과 같은 편집기사를 포함하여,

The Editorial Team. (2016). Introduction: Special Issue on Karatani Kōjin. *Journal of Japanese Philosophy, 4*, 1-1.

야나기타 구니오를 다루고 있는 『유동론』과 관련하여 아래의 그 주요 논문들이 실려있다(수록순. 권호명 생략).

가라타니 고진 문헌

Karatani, K. (2016). Two Types of Mobility. (C-y. Cheung. trans.) 3-15.

Toshiaki K. & Krummel, J. W. M. (2016). The Shifting Other in Karatani Kōjin's Philosophy. 17-31.

Wainwright, J. (2016). The Spatial Structure of World History. 33-59.

Tadao, U. (2016). The Documents of a Great Defeat: Karatani Kōjin Immediately Prior to his "Turn". 61-75.

Goonewardena, K. (2016). Theory and Politics in Karatani Kōjin's The Structure of World History. 77-105.

c. 학술논문

Cassegard, C. (2007). Exteriority and Transcritique: Karatani Kōjin and the Impact of the 1990s. *Japanese Studies, 27*(1), 1-18.

Hwang, J. (2007). After the Apocalypse of Literature = A Critique of Karatani Kojin's Thesis of the End of Modern Literature. *Korea Journal, 47*(1), 102-125.

Tassone, G. (2008). Antinomies of Transcritique and Virtue Ethics: An Adornian Critique. *Philosophy & Social Criticism, 34*(6), 665-684.

McGray, R.(2010). Learning in a Credit Crisis, or a Crisis

of credit? Microcredit Lending, the Grameen Bank, and Informal Learning. *Comparative and International Education /Education Comparee et Internationale, 39*(3), 14-28.

Mulcahy, N. (2017). Workers-as-Consumers: Rethinking the Political Economy of Use-Value and the Reproduction of Capital. *Capital & Class, 41*(2), 315-332.

d. 기타 논문

Shell, S. (2005). Reading Kant: Three New Approaches. *Political Theory, 33*(4), 577-581.

Shaw, I. G. R. (2012). The Challenge of X. *Dialogues in Human Geography, 2*(1), 60-63.

Pham, Y. (2014). Review of "The Structure of World History: From Modes of Production to Modes of Exchange," by Kojin Karatani. *Journal of World-Systems Research, 20*(2), 331-334.

Wainwright, J. (2017). What if Marx was an anarchist? *Dialogues in Human Geography, 7*(3), 257-262.

Shell(2005)은 칸트에 관한 세 가지 새로운 접근 중 하나로 『트랜스크리틱』을 다루고 있는 리뷰 기사다. Pham(2014)의 경우엔 월러스틴이 중심인 세계체제론 저널에서 『세계사의 구조』를 다루고 있는 서평이다. 그 외 학술대회 자료를 제외하면,

가라타니 고진 문헌

다음 학위논문 두 편을 추가할 수 있겠다.

Baxter, J. P. (2016). Capital-nation-state: A genealogy of Yasukuni Shrine. PhD Dissertation. University of Toronto.

Milette, N. (2017). Transcending the Nation through Transcritique: Karatani Kōjin and the Role of the Nation in the Capitalist World System. MA Thesis. McGill University.

KARATANI Reference

일어권

가. 단행본 연구서

(2011) 合田正人, 『吉本隆明と柄谷行人』, PHP新書.
(2015) 小林敏明, 『柄谷行人論』, 筑摩書房.
(2019) 宗近真一郎, 『柄谷行人 世界同時革命のエチカ』, 論創社.
(2019) ジョ・ヨンイル, 『柄谷行人と韓国文学』, 高井修 訳, インスクリプト.

나. 잡지 특집

(1983)「特集: '柄谷行人' 考える機械」, 『杼』 no.2.
(1989)「特集: 柄谷行人・蓮實重彦とポストモダン」, 『シコウシテ』 21号.
(1989)「特集: 柄谷行人 闘争する批評」, 『國文學 解釈と教材の研究』, 元年 10月号.
(1992)「柄谷行人&高橋源一郎」, 『群像』 五月 臨時増刊号.
(1995)「柄谷行人 インタヴュー 」, 『文學界』, 1995年 2月号.
(1995)「柄谷行人」, 編集 関井光男, 『国文学 解釈と鑑賞』 別冊.
(1997)「特集: 吉本隆明と柄谷行人」, 『情況』, 1997年 5月号.

가라타니 고진 문헌

(1998) 「総特集: 柄谷行人」, 『現代思想』, 7月 臨時増刊号.

(2001) 「特集: 柄谷行人著『トランスクリティーク』読解」, 『文學界』, 2000年 12月号.

(2004) 「特集: 柄谷行人の哲学・トランスクリティーク」, 『國文學 解釈と教材の研究』, 2004年 1月号.

(2009) 「特集2: 柄谷行人と世界史」, 『at プラス』 2号.

(2010) 「特集1: 『世界史の構造』を読む」, 『at プラス』 6号.

(2013) 「特集1: 『哲学の起源』を読む」, 『at プラス』 15号.

(2014) 「総特集 = 柄谷行人の思想」, 『現代思想』, 1月 臨時増刊号.

(2016) 「特集: 柄谷行人」, 『情況』, 2016 2/3月号.

(2021) 「特集 柄谷行人のまなざし」, 『市民の科学』 第11号.

가능한 인문학

가라타니 선생 팔순 기념

조영일 편

이성민, 이승준, 윤인로, 복도훈, 조영일, 히로세 요이치, 다카이 오사무 씀

초판 1쇄 펴낸날 2022年 8月 6日

펴낸곳   비고
주   소   경기도 광명시 광오로 17번길 9-1 201호
출판등록   2019년 5월 3일 제2019-000008호

팩 스   050-7533-4398
트위터   @vigo_books
이메일   vigobooks@naver.com
블로그   vigobooks.tistory.com

ISBN 979-11-972242-3-2 03800

값 20,000원

ⓒ비고, 2022, Printed in Korea